A-t-on encore besoin d'une religion ?

Dans la même collection
dirigée par Alain Houziaux

Comment accepter de vieillir ? P.-L. Assoun, J.-D. Bredin, M. de Hennezel, septembre 2003.
Peut-on faire le bonheur de ses enfants ? P. Bebe, C. Eliacheff, P. Lassus, septembre 2003.
Suis-je responsable de mes échecs ? G. Israël, D. Sibony, P. Valadier, septembre 2003.

Le contenu de ces ouvrages prend sa source dans un cycle de conférences qui ont été organisées par le pasteur Alain Houziaux d'octobre à décembre 2002 au Temple de l'Église réformée de l'Étoile, 54, avenue de la Grande-Armée dans le XVIIe arrondissement de Paris.

Imprimé en France *Printed in France*
ISBN 2-7082-3695-4

André Comte-Sponville
Bernard Feillet
Alain Rémond

A-t-on encore besoin d'une religion ?

Sous la direction d'Alain Houziaux

LES EDITIONS DE L'ATELIER
Les Editions Ouvrières
12 avenue Sœur Rosalie
75013 Paris

Présentation des auteurs

André Comte-Sponville est philosophe. Il est l'auteur de nombreux ouvrages parmi lesquels un *Traité du désespoir et de la béatitude* (PUF, 2002).

Bernard Feillet est prêtre et écrivain. Il a publié dernièrement *L'errance* (DDB, 1997) et *L'arbre dans la mer* (DDB, 2002).

Alain Houziaux est pasteur à l'Église réformée de l'Étoile, docteur en théologie, docteur en philosophie.

Alain Rémond est journaliste et écrivain. Il est notamment l'auteur de *Comme une chanson dans la nuit* (Seuil, 2003).

INTRODUCTION

par Alain Houziaux

Pour quelles raisons pourrait-on avoir encore besoin d'une religion ? Avant d'esquisser une réponse, commençons par expliquer comment on peut comprendre cette question en explicitant les concepts en jeu.

On distingue souvent les notions de « foi » et de « religion ». La « religion » serait l'expression d'un sentiment plus ou moins ambigu, mêlé de superstition, de crainte et de magie. De ce fait, la « religion » serait tout à fait différente de la « foi » chrétienne qui, elle, serait la décision libre, gratuite et désintéressée de reconnaître la seigneurie de Jésus-Christ. Et c'est en fonction de cette distinction que des théologiens protestants tels que Bultmann, Bonhoffer et même Karl Barth ont prétendu que la foi chrétienne devait être non religieuse. C'est également le point de vue que fait prévaloir Alain Rémond dans cet ouvrage. Mais, à l'inverse, on peut aussi considérer le christianisme comme une religion. En ce sens, la foi chrétienne est une manifestation religieuse parmi d'autres.

Encore faut-il au préalable définir ce qu'on entend par religion. La religion est un phénomène social qui implique des croyances, des rites et une communauté. Parler de religion n'a donc nullement un sens péjoratif.

En outre, il faut faire la différence entre la « religion » et la « superstition ». Être religieux, c'est une disposition intérieure qui s'exprime par la vénération de Dieu ou des dieux. Et, même si l'on craint ces dieux, on tente néanmoins d'obtenir d'eux des manifestations de bienveillance. Être superstitieux, c'est respecter un certain nombre de tabous : la superstition est constituée de pratiques extérieures, arbitraires et formelles qui ont par elles-mêmes un pouvoir *« ex opere operato »*, sans référence directe à un au-delà qui serait celui des dieux.

Arrêtons-nous un instant sur le sens du mot « besoin ». Je sais bien que certains peuvent considérer que la « foi » et même la « religion » ne sont pas des besoins parce qu'elles seraient des réponses à un appel venu d'En-haut. Pour Alain Rémond, « besoin est un mot faible, inapproprié. (La foi,) ce n'est pas un besoin, c'est ma réalité ». Mais il n'en reste pas moins qu'il peut y avoir en l'homme un besoin de religion et des « besoins religieux ». J'entends en effet le mot « besoin » dans un sens psychologique très général. « Un besoin est une exigence née de la nature ou de la vie sociale » *(le Robert)*. On peut avoir besoin d'une religion comme on peut avoir besoin d'exprimer son affection.

Les besoins auxquels la religion ne peut répondre

Donc, passé ce préambule, pour quelles raisons aurions-nous, même aujourd'hui, encore besoin d'une religion ? Dans un premier temps, nous allons présenter trois raisons qui sont souvent invoquées en dépit de leur faiblesse.

• La première des raisons invoquées est celle-ci : « avoir de la religion », cela permet d'« avoir de la morale ». En énonçant cette affirmation, on suppose souvent que, si l'on n'a pas de religion, tout est permis et qu'on peut mener, impunément et sans scrupules, une vie immorale. Ainsi, si l'on envoie les enfants au catéchisme, c'est souvent pour leur donner une éducation morale.

L'expérience prouve que les gens qui « ont de la religion » ne se conduisent pas mieux que les autres mais on persiste néanmoins à confondre religion et morale, et ce, même si les bons prêtres et les bons pasteurs vous expliquent que Jésus a pris la défense des femmes de mauvaise vie et celle des collecteurs d'impôts qui n'étaient pas toujours très honnêtes.

En fait, la religion et la morale sont deux notions assez différentes. La religion n'est pas de l'ordre de la morale, elle est de l'ordre de la quête de la vérité. Les religions sont d'abord un enseignement et une prédication. Et cette prédication porte sur les origines du monde, sur le sens de cette vie-ci, et aussi, dans la plupart des cas, sur ce qui nous attend après la mort. En résumé, le message éthique de la religion est secondaire.

• Deuxième raison invoquée pour dire que l'on a besoin d'une religion : « avoir de la religion » nous permettrait d'être plus heureux. La religion nous donnerait une sécurité intérieure, une sérénité et peut-être une sorte de détachement vis-à-vis des choses de ce monde et des problèmes de la vie.

Ce n'est pas absolument faux. Nous connaissons tous des personnes qui, avec une sorte de candeur, acceptent tout ce qui leur arrive, et supportent les épreuves de la vie avec la certitude que, quoiqu'il arrive, elles restent « entre les mains de Dieu ».

Mais les personnes qui disent être sereines grâce à leur foi ont sans doute une prédisposition intérieure naturelle à cette sérénité. Elles auraient sans doute été aussi sereines si elles n'étaient pas croyantes. Et, inversement, on peut douter qu'une personne sujette à l'angoisse puisse trouver la paix et le bonheur par le seul biais de la foi.

Ainsi, on peut en conclure que la religion ne fait pas à elle seule le bonheur. Et il n'est pas sûr que la proportion de gens heureux soit plus importante dans les églises, synagogues et mosquées qu'ailleurs. Les croyants sont aussi inquiets que les non-croyants. Quant aux grands maîtres spirituels (Moïse, David, Jésus...), ils n'étaient pas particulièrement sereins.

En outre, les livres saints sont rarement des écoles de sagesse. Il y a certes des exceptions (par exemple le livre de l'Ecclésiaste dans la Bible) mais ces livres de sagesse sont souvent assez peu religieux.

• Troisième raison pour laquelle on pourrait avoir besoin d'une religion : celle-ci permettrait d'être intégré à une communauté, à une sorte de famille spirituelle. C'est ce qu'évoque André Comte-Sponville dans cet ouvrage lorsqu'il parle de « communion ».

C'est sans doute vrai. De fait, on peut constater qu'aujourd'hui, les religions qui retiennent le plus de fidèles sont celles qui les fédèrent autour d'une identité communautaire forte. Je pense au judaïsme, à l'islam, et aussi au catholicisme, qui imprégnait toute l'existence comme le décrit Alain Rémond dans cet ouvrage. Au contraire, le protestantisme (du moins le protestantisme des Églises réformées et luthériennes traditionnelles) fait moins recette, car il est trop tolérant et ouvert et parce qu'il n'est pas assez structuré par un dogmatisme contraignant et par des rituels exigeants. À l'inverse, les religions identitaires et à tendance sectaire procurent un sentiment de sécurité [1], c'est pourquoi on peut penser qu'au XXIe siècle, les communautés religieuses qui résisteront le plus au déclin seront celles qui offriront une réelle vie communautaire.

À cette analyse il faut ajouter un point, ou plutôt un contrepoint. Depuis quelques décennies, les personnes qui se considèrent comme « religieuses » n'ont plus tellement besoin de ces communautés fortement identitaires. Elles se construisent une religion personnelle « à la carte », en marge de toute communauté structurée. Telles des nomades, elles vont d'une communauté à l'autre sans vraiment chercher une intégration.

On observe donc aujourd'hui une dissociation entre le besoin religieux et le besoin d'une communauté. Les besoins religieux ne sont plus des besoins d'identification communautaire.

• En conséquence, à la question « avons-nous encore besoin d'une religion ? », il semble, à ce stade de la réflexion, qu'il faille répondre par la négative : la religion et les religions traditionnelles ne peuvent répondre ni à notre besoin de morale, ni à notre besoin de bonheur. Quant au besoin d'appartenir à une

1. Les études de Durkheim sur le suicide ont montré que le taux de suicides était moindre chez ceux qui appartenaient à une structure religieuse communautaire forte.

communauté, il ne faut pas le confondre avec le besoin d'avoir une religion.

Cela ne veut pas dire pour autant que nous n'avons plus besoin de religion.

La question qu'il nous faut en fait poser est celle-ci : aujourd'hui, sommes-nous encore habités par des besoins que l'on peut considérer comme étant, à proprement parler, de nature religieuse ? Et les religions d'aujourd'hui peuvent-elles y répondre ?

Les besoins auxquels la religion peut répondre

• Le premier de ces besoins de nature religieuse, c'est celui d'un langage qui permette d'exprimer notre aspiration vers l'infini, la transcendance, le mystère, le divin, l'au-delà. Ce besoin de dire l'indicible d'un au-delà du monde visible et connaissable reste présent chez l'homme d'aujourd'hui. Et nous avons aussi besoin d'un langage pour dire la culpabilité, l'espérance, le sentiment d'être exilé dans ce monde, le désir d'aimer et d'être aimé. Ce besoin d'un langage du mystère et de la vérité profonde de la vie, les religions sont en mesure d'y répondre.

Il est frappant de voir combien d'écrivains agnostiques tels que Gide, Camus, Valéry ou Malraux recourent constamment à un langage emprunté à la Bible, à ses mythes, à ses symboles et à son vocabulaire. Les titres de leurs ouvrages en témoignent (*La Porte étroite*, *Si le grain ne meurt*, *L'Exil et le Royaume*, *La Chute*, *Le Premier Homme*...). Même si ces écrivains n'ont pas à proprement parler besoin d'une religion, ils ont néanmoins besoin qu'il y ait des religions puisqu'ils s'y réfèrent sans cesse.

Pour répondre à ce besoin de langage, les religions (dans leurs livres saints et dans leurs catéchismes) restent un *« organum »* et un « clavier » utile et fructueux.

Le langage religieux – et de façon plus générale la religion – permet d'exprimer l'inexprimable d'une quête, d'un appel, d'une vocation, d'une asymptote de ce monde avec l'infini, l'éternité et la lumière d'un soleil invisible.

Se priver du langage religieux et des ressources qu'offrent les religions, c'est s'amputer de la possibilité d'exprimer la face invisible de l'homme et du monde.

Ainsi, le besoin d'une religion, c'est d'abord le besoin d'une poétique, d'une symbolique, de récits et de paraboles pour dire « Dieu », l'appel vers ce « Dieu » et le besoin de ce « Dieu » qu'il y a pratiquement en tout homme, et ce, même si certains récusent le terme de « Dieu » et la foi en ce Dieu.

Les trois coauteurs de cet ouvrage ne partagent pas tous ce point de vue. C'est notamment le cas d'André Comte-Sponville lorsqu'il affirme qu'il n'a plus besoin de religion. Au plan collectif, il soutient également qu'une société peut très bien se référer à des valeurs inspirées par la religion sans pour autant partager la croyance en un Dieu personnel, créateur et transcendant.

• La deuxième raison pour laquelle nous avons besoin d'une religion est d'ordre affectif : aujourd'hui autant qu'hier, nous avons besoin de nous sentir aimés, compris, protégés, je dirais même « maternés ». En fait, ce besoin est plus fondamental que le besoin d'être heureux. Et, alors que la religion ne peut pas vraiment répondre au besoin d'être heureux, elle peut répondre à ce besoin de protection et de bénédiction sur nos souffrances, nos faiblesses et nos misères.

En fait, les religions répondent à ce besoin de consolation.

Mais ce qui compte au moins autant, c'est qu'elles nous donnent des exemples et des modèles de héros et de saints qui ont souffert comme nous : ces « serviteurs souffrants » deviennent des compagnons et des soutiens.

Ce n'est pas un hasard si les saints du calendrier liturgique de l'Église catholique ont tous d'abord été des martyrs. Et ce n'est pas un hasard non plus si le récit de la Passion de Jésus-Christ reste le thème central des tableaux et des vitraux des églises.

Nous avons besoin d'une religion de proximité et de compassion plus encore peut-être que d'une religion d'évasion et de rêve.

Nous avons besoin de Cantiques et de Psaumes qui nous permettent d'exprimer notre plainte, notre solitude et notre prière et qui nous annoncent aussi que nos appels sont entendus. Ces chants et ces prières que nous proposent les églises et les religions nous accompagnent et nous rassurent. Ils nous fortifient.

Et c'est cela qui nous importe d'abord, beaucoup plus sans doute que des discours dogmatiques, intellectuels et abstraits qui nous assèneraient des vérités soi-disant tombées du ciel. Nous avons besoin d'une religion qui nous accompagne dans nos épreuves et non d'une religion qui nierait ces épreuves. Nous avons besoin d'une religion de compassion et non d'une religion d'héroïsme et de stoïcisme.

Or, les religions, et peut-être plus particulièrement les religions d'aujourd'hui répondent à ce besoin d'accompagnement dans l'épreuve. Le christianisme en particulier a su se faire plus humble, plus humain, plus fraternel et plus attentif à la misère et à la souffrance des hommes. Il répond mieux à ce besoin d'être consolé. Il a cessé de prêcher la colère et le Jugement de Dieu. Il excommunie moins qu'avant.

Les églises sont moins exigeantes et autoritaires qu'autrefois. Elles respectent les ambiguïtés et les faiblesses de la nature humaine.

• Enfin, nous l'avons dit, le besoin d'une religion peut, pour certains, s'exprimer comme un besoin d'appartenir à une communauté structurant une identité collective forte. Mais aujourd'hui, notre besoin fondamental n'est pas là. C'est plutôt un besoin de communion et d'émotion : nous avons besoin d'exprimer des émotions et de communier dans ces émotions.

Certes, toutes les émotions collectives ne sont pas forcément de nature religieuse. Le sport le montre bien. Mais il y a des émotions que seules les célébrations religieuses permettent d'exprimer. Je pense au besoin de fraternité devant les épreuves et les souffrances, au besoin de vouloir continuer à espérer et aussi à cette émotion, que l'on appelle la prière, que l'on éprouve devant l'Infini et l'Au-delà. Ainsi, certains rassemblements de chrétiens comme les Journées Mondiales de la Jeunesse, plus qu'à un sentiment d'identification communautaire, donnent naissance à une émotion collective.

En fait, le besoin de Dieu est une émotion, et la foi est d'abord une forme d'affectivité. Et pour exprimer cette émotion, il nous faut des célébrations religieuses.

La fonction régulatrice de la religion

Ajoutons encore deux points.

• Au XXIe siècle, plus encore qu'au XXe siècle, les hommes auront un besoin d'absolu, de consécration et même de sainteté. Ils auront un besoin d'idéal, d'engagement. Mais cela comporte des risques. Le besoin d'absolu peut devenir absolutisme, totalitarisme et même fanatisme comme le souligne Alain Rémond. Contre la tendance de toutes les religions à l'idolâtrie, il rappelle que seul Dieu est absolu et que les églises sont relatives. Aucune ne peut prétendre transmettre à elle seule la Parole de Dieu, témoigner en son Nom. Si c'était le cas, le besoin d'idéal pourrait devenir idéalisme, aveuglement, refus des réalités (cela est clair, par exemple dans les sectes). C'est pourquoi il est souhaitable que ces besoins d'idéal et de consécration (qui peuvent facilement devenir pervers) s'expriment dans des structures régulatrices. Et les religions traditionnelles ont un rôle à jouer dans ce domaine.

Sans les structures, les enseignements, les rituels et les médiations des religions traditionnelles, le besoin d'absolu peut virer au terrorisme. Pour contrecarrer cette tendance, les religions traditionnelles auront demain un rôle éducatif. Elles auront pour fonction de prolonger l'esprit des Lumières et de la tolérance dans un monde où le besoin d'irrationnel va en s'amplifiant, que ce soit dans l'orbite du judaïsme, dans celles du christianisme ou de l'islam.

Les religions traditionnelles, après s'être opposées à l'esprit des Lumières, seront, au XXIe siècle, le meilleur vecteur de ce qu'il restera de cet esprit. C'est pourquoi leur rôle sera indispensable.

• Certains disent : « La foi, oui ; la religion, non ! » Mais il n'est pas certain qu'il puisse y avoir une foi indépendante de toute « religion ». Une foi démythologisée, purifiée, indemne de tout soupçon de crédulité et même de superstition est impensable.

En effet, que serait une foi absolument pure de toute religion ? Ce serait une sorte de théisme pour lequel Dieu serait un Principe abstrait (celui de la transcendance pure), une sorte de mystique par laquelle on s'offrirait à l'Ineffable, au Silence, au Rien et à la Nuit ou une sorte d'humanisme pour lequel l'homme serait un dieu fait chair.

Une foi indemne de toute religion, ce serait une foi qui ne croirait ni en un Dieu personnel, ni en un Dieu intervenant dans les affaires de ce monde, ni en un Dieu répondant aux prières. Ce serait un Dieu abstrait, un Principe, une Idée.

Nous avons besoin d'une religion qui donne de la chair à la vie, à l'émotion et à la fraternité. Il nous faut une religion qui donne de la vie à ces idées abstraites et intellectuelles que sont l'Infini, la Perfection et l'éternité.

Fait révélateur d'un nouveau rapport à la religion, ce point de vue donne lieu, dans cet ouvrage, à un débat qui ne se résume pas au traditionnel affrontement entre athée et croyant. André Comte-Sponville soutient que la référence à un Dieu personnel et transcendant n'est pas indispensable à une société pour qu'elle suive des valeurs inspirées par la religion. Alain Rémond défend une option inverse : critique à l'égard d'un christianisme des valeurs dont l'histoire nous apprend qu'il s'est souvent fourvoyé dans des compromissions honteuses avec les pouvoirs, il affirme pour lui-même et uniquement dans ce registre de la croyance intime que la foi en Dieu est d'abord et avant tout un acte de confiance placé en un homme, fils de Dieu, mort et ressuscité.

D'un côté, les vertus et la sagesse, de l'autre la Passion. En écho Bernard Feillet fait entendre une autre voix : nos contemporains, constate-t-il, ne sont pas majoritairement athées. Ils sont avertis qu'on ne peut mettre la main sur Dieu, tel un jouet manipulable au service de nos pouvoirs. Reste donc l'expérience du manque, du mystère, c'est-à-dire l'infini de chacun que nous n'avons jamais fini d'explorer, ce « désir de l'inespéré », cet espace « où le mystère de l'homme et le mystère de Dieu sont un unique mystère ».

La religion fait donc débat. Que croire ? Qui croire ? Au-delà du refus ou de l'acceptation de la religion, de la théâtralisation d'une bataille de clans dépassée, les auteurs de ce petit livre proposent de mettre la religion à l'épreuve de leur analyse et de leur subjectivité. Une façon de mettre sa croyance et son appartenance à distance pour entendre la vérité de l'autre sans négliger de la chercher pour soi.

ÉVEILLER LE DÉSIR DU DIVIN

par Bernard Feillet

Si je m'interroge sur le besoin que les hommes peuvent avoir d'une religion ou sur la place que les religions tiennent dans l'histoire de l'humanité, je commence par me demander quelle place la religion tient dans ma propre vie. Je questionne la religion dans laquelle j'ai été élevé et celles qui me paraissent marquantes au sein de ma propre culture. Telle est l'attitude à laquelle se tient – peut-être de manière trop systématique – Albert Jacquard dans un essai de confrontation entre l'univers des sciences et l'univers des religions [1]. Il ouvre en effet une dispute – au sens médiéval du terme – entre les acquis, tout provisoires soient-ils, de son parcours de scientifique et le Credo catholique de son enfance croyante. La superbe concision de son titre : *Dieu ?*, ouvre cependant un dialogue sans frontières. Quand il s'agit de religion, il s'agit toujours en définitive de Dieu, comme question ultime, posée à toutes les religions et à chacun de leurs croyants. Si chacun de ces croyants s'efforce d'approfondir, tout au long de sa vie, selon la meilleure hypothèse, la question de Dieu, il poussera son interrogation au sein de sa propre religion comme première

1. Albert Jacquard, *Dieu ?*, Stock/Bayard, 2003.

référence. Mais il ne pourra tenir honnêtement cette référence s'il ne reconnaît pas en même temps que d'autres croyants dans d'autres religions poursuivent par d'autres voies et d'autres modes d'expression la même recherche.

Il est difficile, dans la richesse des mythes fondateurs, de discerner ce qui relève de la créativité spirituelle d'une humanité éprise d'absolu et ce qui procède de la tentation d'idolâtrie qui a servi de socle à toutes les religions, fussent-elles monothéistes. Les Églises chrétiennes ont elles aussi succombé à cette tentation de la facilité. Nées de la vision mystique de Jésus de Nazareth et de sa foi dans l'amour de Dieu, Père de tout homme, pour l'humanité entière, elles ont souvent, au cours de leur histoire, choisi d'établir leur pouvoir au lieu d'accepter l'intuition évangélique fondatrice qui les rendait vulnérables. Une religion cède à l'idolâtrie quand elle se définit comme le seul chemin vers la vérité et comme le but même de l'existence. Elle devient idolâtre quand elle se prend pour Dieu, qu'elle prétend tenir sa place et parler une fois pour toute en son nom. Toute formulation honnête de la Vérité ne peut être qu'insatisfaite d'elle-même. Dans l'instant où elle s'énonce, elle ouvre le champ inexploré de la Vérité à venir.

Dieu, la question ultime

Tout croyant ne peut être que très modestement le témoin de sa propre foi, en supposant même qu'il lui soit possible de témoigner de Dieu. Il serait plus juste de dire que chacun ne peut que décrire les chemins qu'il emprunte pour poursuivre son exploration de la question ultime et raconter ainsi ce qui s'est passé pour lui, justement, en chemin. Le poète Daniel Pons exprime à la fois comme cette recherche est sublime et comme elle est bancale : « Créateur mon frère, tu es un boiteux qui sautille vers la lumière, mais boiter de cette façon-là, c'est danser une danse première [2]. »

La question n'est pas tant de discuter si un *On*, anonyme, a besoin d'une religion, ni même s'il peut ou non se passer de Dieu, mais de s'émerveiller, quel que soit le chemin qu'il emprunte, de ce que devient celui qui se livre à *l'ultime*. Aussi n'est-ce pas sur l'existence ou sur la non-existence de Dieu qu'il importe de s'attarder. Il y a tant d'images de Dieu et tant d'idolâtrie derrière ces images, qu'il faut espérer que tout homme puisse à la fois être le croyant et l'athée de ces dieux-images. Que celui qui n'a pas de référence à Dieu pour donner sens à sa vie puisse s'en passer et que celui pour qui

2. Daniel Pons, *Le Fou et le Créateur*, Albin Michel, cité par Jean Mouttapa, *Religions en dialogue*, Albin Michel, 2002, p. 49.

l'évocation du nom de Dieu éclaire son chemin puisse s'en réjouir. Ni l'un ni l'autre ne peuvent prononcer une parole décisive, encore moins démonstrative. Si Dieu est Dieu, l'homme ne peut ni le nier ni témoigner de Lui. L'homme ne peut parler que de l'homme, et pour ce qui concerne l'essentiel de sa vie il ne peut parler que de lui-même.

Être un homme, interrogé et révélé par tous les autres hommes, pour aller vers *l'ultime* de sa propre vie, cela suffit. Inutile de débattre de Dieu entre nous, encore moins de nous opposer à son sujet, l'important est de se livrer et d'entreprendre cette part unique de la vie qui est la nôtre et que chacun est le seul à pouvoir accomplir. Dans cette entreprise chacun fait son choix. Les uns chemineront avec Dieu ou vers Dieu, parfois accompagnés par de petits dieux, les autres reconnaîtront que la présence à leur côté de tous les autres hommes suffit à maintenir en eux le sens de l'absolu. Et si, pour ma part, je préfère, au sens de l'inclinaison de toute ma vie, nommer Dieu cet absolu, c'est parce que j'y trouve mon bonheur et qu'il m'importe d'être un peu heureux. Certes, de Dieu je ne peux témoigner, puisqu'il est au-delà de moi, mais comme l'évocation de son nom éclaire mon chemin, je peux le livrer à qui me le demande. Je constate que je ne peux échanger une parole sur Dieu qu'avec ceux qui partagent avec moi ce même désir de Dieu ou qui me révèlent ce qui les habite. Le partage de la foi demande une connivence. Il y a comme un secret de Dieu. Non pas un secret qui doit demeurer caché, mais qu'il importe de respecter et qui demeure habité par le silence. Être croyant est ainsi une manière d'être au monde de l'ordre de la présence et de la vision. Elle s'éprouve dans le regard que l'on porte sur l'humanité entière. L'humanité est le seul lieu où il me soit possible de contempler la trace du divin.

Sans doute, le croyant comme l'athée peuvent-ils entendre, chacun dans sa conviction, cette référence à la pensée d'Emmanuel Lévinas que livre Alain Finkielkraut : « Le judaïsme est certes omniprésent, mais sous quelle forme ? Certainement pas sous la forme d'une théologie, et même pas sous la forme d'une croyance. Il le dit lui-même : ce n'est pas à travers la phrase “je crois en Dieu” que Dieu vient à l'idée. Dieu vient à l'idée dans la trace de l'Autre. La transcendance dont nous faisons l'expérience, c'est d'abord Autrui [3]. » J'aime à penser que nous ne pouvons découvrir la transcendance de Dieu que dans l'immanence de l'homme, de tous les hommes. Ainsi celui qui se définit comme croyant ne peut-il ignorer, au cœur de cette humanité qui lui parle de Dieu,

3. Alain Finkielkraut, « Actualités d'un inactuel », in *Magazine littéraire*, n° 419, p. 37-39.

la présence de l'incroyant qui lui n'en parle pas. L'incroyance est le salut de la foi, elle l'alerte sur l'usage possessif ou idolâtrique qui pourrait être fait de l'évocation du nom de Dieu.

En ce sens, il n'y a aucune prétention à se reconnaître habité par le mystère de Dieu et à appeler cela « la sainteté ». Il y a même de l'humilité à se dire habité, encore que ces petites appréciations morales, énoncées ici par convenance, soient bien mineures par rapport à la gravité de ce mystère. Aussi vais-je tenter de dire quelle danse je danse sur la piste de ma religion, comment j'avance, tel le funambule de Nietzsche, sur mon fil tendu entre la singularité de mon être et l'infini de Dieu.

Une religion de l'intime

Avant même que je puisse en avoir conscience, le christianisme a inscrit au plus profond de mon être la marque définitive de l'absolu de Dieu. J'en suis blessé à vie et le combat de Jacob avec l'ange en moi se poursuit. Je ne cherche pas à cicatriser la blessure, bien au contraire je l'avive. Je désire la maintenir ouverte. La religion chrétienne était dans les trente premières années de ma vie le milieu où s'exprimait la volonté de Dieu et le moyen par lequel j'entretenais une relation suivie avec lui.

Je ne sais par quel glissement est venu le temps où Dieu non seulement ne me parle plus, mais a cessé de porter un regard sur moi et d'entretenir un projet à mon sujet. La religion a non seulement perdu de son autorité sur mon existence, mais elle a radicalement changé de signification. Elle m'a permis de construire ma vie sur une certaine cohérence. Elle m'a incité, à partir de l'attente des autres, à me révéler bien meilleur que je ne suis. Elle est toujours le liant d'une vie relationnelle passionnante. Elle m'a permis de rencontrer des êtres en des moments bouleversants de vérité. Elle m'a permis de puiser à la source inépuisable des symboles, des mythes et des rites. En moi elle a gagné en intelligence et perdu en autorité. Ainsi, elle demeure possible et même intéressante, puisque aujourd'hui elle ne m'empêche pas de devenir celui que j'ai à être, et que je lui garde la reconnaissance de m'avoir initié à mon humanité. En définitive, cette initiation ne s'est pas mal passée, puisque autant qu'il est possible, j'y ai découvert que la vérité envers soi-même rend libre et que cette religion n'a pas détruit en moi le désir de Dieu.

Par l'évocation élémentaire de cet itinéraire, je voulais simplement suggérer pourquoi, à mes yeux, la question des religions est une question seconde. La première de toutes les questions est d'éclairer en moi cette présence ou cette absence que je nomme Dieu. Impossible de faire usage de Dieu sans se demander qui est Dieu et de quel accès je dispose pour aller à sa rencontre. Je ne peux rien attendre directement de Dieu pour justifier ou non l'origine d'une religion, puisque ces dernières parlent en son nom et à sa place, et qu'elles se sont ainsi attribué les pleins pouvoirs. Si je pouvais penser que les religions sont nées d'une volonté explicite de Dieu sur l'histoire humaine et imaginer l'intervention de cette volonté dans le cours de cette histoire, je m'efforcerais d'être un fidèle soumis et de défendre une position intransigeante : ma religion aurait à tenir dans le concert de toutes les autres religions une place absolument privilégiée. Malheureusement ou plutôt heureusement, la religion chrétienne ne peut s'identifier à l'autorité de Dieu ni la revendiquer comme l'expression de Sa volonté intervenant dans l'histoire.

Quand René Char formule, comme une évidence, cette parole aiguisée : « Notre héritage n'est précédé d'aucun testament », je ne sais de quel héritage et de quel testament il parle. Mais dans le contexte de notre réflexion, sans vouloir détourner son propos, je pense à mon héritage spirituel et à l'Ancien et au Nouveau Testaments à la source des religions juive et chrétienne. Les rabbins, les prêtres et les pasteurs de ces religions ne peuvent se présenter comme les notaires d'un Dieu intestat : ils n'en sont pas les exécuteurs testamentaires.

C'est pourtant ce qu'elle a fait pendant 2000 ans !

Nul ne peut parler au nom de Dieu, tout au plus pouvons-nous entre nous parler de Lui et de ce que nous devenons et entreprenons dans la mouvance de l'évocation de Son nom, comme l'horizon ultime de ce que nous sommes et de ce que nous espérons devenir. Toute parole sur Dieu est dépossédée d'elle-même par l'énonciation de ce qu'elle prophétise. Ainsi la prophétie est-elle l'expression suprême de la modestie. C'est pourquoi les religions ne peuvent être que modestes.

La foi, un étonnement

Il ne m'appartient pas de mettre en cause les religions dans leur ensemble. Cette prétention dépasserait d'ailleurs mes connaissances et ma capacité de réflexion. Je me limite donc à tenter de comprendre la religion qui est la mienne, au sein de laquelle je tente d'être humblement chrétien et légèrement prêtre. Quand il s'agit de l'essentiel, nous ne pouvons qu'être modeste. La modestie, quand nous mettons Dieu en cause comme l'accomplissement de notre parcours et que nous nous interrogeons sur l'origine de notre foi, n'est pas une vertu construite par un long effort, elle est une attitude d'évidence, une perception élémentaire de notre relation à l'infini. Mais cette modestie ne s'oppose pas à l'émerveillement, bien au contraire. La modestie prend naissance dans l'émerveillement.

Tout d'abord je m'étonne d'être chrétien, d'avoir été initié à l'intuition évangélique et de vivre ce temps de l'humanité qui est le nôtre, dans cette histoire des hommes déjà si longue et dans ce monde si vaste que tant d'autres places auraient pu être la mienne et où tant d'expressions de la foi, au sein des multiples cultures, auraient pu servir à formuler mon espérance. Je penserais volontiers que pour être croyant, accompagné par la religion dans laquelle nous sommes nés ou que nous pensons avoir choisie, il faut pouvoir nous étonner de la singularité de notre propre vie, que ce soit la nôtre et qu'elle nous donne du bonheur.

Pour moi, au sein du christianisme – avant même toute analyse critique de son fonctionnement – ce qui est premier, c'est l'étonnement et le bonheur. Mais c'est un petit bonheur, à ma mesure, dans ma petite vie. Les mots sont difficiles, car ce bonheur n'est pas une plénitude ni un état défini, c'est en moi une petite musique, qui ne survole pas béatement les malheurs de l'existence, qui ne dispense pas de souffrir de la solitude, ne délivre pas de l'angoisse et ne rend pas invulnérable aux blessures du cœur et à la souffrance d'autrui. Je ne prétends pas que ce bonheur vient de Dieu, que Dieu m'a choisi ou qu'il m'aime et que je peux témoigner de Lui. Je tiens Dieu au-delà de tout ce que je peux vivre au cœur du christianisme. Je trouve dans le christianisme une certaine qualité de l'existence humaine et une invitation à la mettre en œuvre avec tous ceux qui se reconnaissent créateurs d'humanité. Sans rien nier de la dimension du divin dans nos vies, je reconnais que le christianisme est un humanisme, une passion de l'homme.

Ce qui est admirable dans les religions, c'est qu'elles sont une des plus belles créations du génie de l'humanité et qu'à travers leur histoire, à partir d'une intuition qui s'identifie tellement au fait que l'homme est un homme qu'il n'est guère possible d'en déceler l'origine, se manifeste la longue gestation des mythes, des rites et des symboles où l'homme se dit à lui-même qu'il est habité par plus que lui-même. Comme le dit le philosophe et théologien Marcel Légaut : « Ce qui est de moi, qui ne pourrait être sans moi et qui n'est pas que de moi. » À partir du sentiment du divin, qui a pris tant de formes d'expression au cours de l'histoire de l'humanité, depuis les sociétés les plus primitives jusqu'à la nôtre, l'homme s'est inventé des religions pour tenter de saisir l'insaisissable, à la source même de son être. Toujours engagé dans cette tentative de génie, l'homme a été repris par la tentation de l'idolâtrie dont l'invention des religions aurait dû lui permettre de se dégager.

Cependant, la plupart du temps, il s'est trouvé au sein de l'univers des religions des hommes plus alertés que d'autres sur la tentation d'idolâtrie. Ce sont les hommes spirituels qui ont pris naissance au cœur des religions et qui, par la vocation unique de leur être, les ont éclairées par leur enseignement et dépassées par leur vision.

Jésus, un homme exceptionnel

Parmi ces hommes, j'entretiens une reconnaissance toute particulière, une dévotion au sens fort, envers la personne de Jésus. Par son amour pour tout être, il s'est ouvert à la vision du mystère universel de Dieu pour l'humanité entière. Si son message est arrivé jusqu'à moi, je le dois à tous ceux qui ont choisi d'être ses disciples et qui ont donné corps à l'intuition évangélique en constituant l'Église chrétienne par la mise en œuvre de communautés qui se référaient à celui qu'ils ont, dans l'élaboration de leur tradition, considéré comme le Messie désigné par Dieu. Comme tout homme, il lui fallait devenir ce qu'il avait à être, sans jamais y renoncer, révélé à lui-même en se livrant de tout son être au mystère de Dieu dont il se reconnaissait investi. Ainsi Jésus est devenu Jésus. Tout en continuant à se comporter comme un juif fidèle, instruit des Écritures et respectueux de la Loi, Jésus ne s'est pas laissé enfermer dans la religion de son enfance. Jésus a opéré une rupture avec la religion juive et par là même avec toute religion. En passant de la foi au Dieu du peuple juif à la reconnaissance du mystère universel de Dieu en tout homme, juif ou païen, Jésus a déstabilisé le pouvoir religieux, lui a contesté sa compétence à tracer des frontières et à codifier les règles d'une religion au détriment de toutes les autres. Jésus a été fidèle et transgresseur : il a été créateur de sa propre foi. Né au sein d'un peuple religieux et imprégné de sa culture, il s'est livré à la vision qui, au plus profond de son être, éclairait son existence. Sa vocation était d'être un initiateur et non pas un fondateur. De Dieu, il n'a presque rien dit, un mot : *Père*. Toute sa vie a été de mettre en œuvre les paroles que ses disciples ont recueillies sur le mont des Béatitudes : « Heureux les pauvres de cœur : le Royaume des cieux est à eux. » Sa vie et sa parole ne font qu'un. Ainsi, il a livré tout son être. Elles suffisent à le définir : il était habité du mystère de Dieu. Par sa prédication, il a mis le feu au monde. C'est la parole inaugurale. Ici a commencé l'aventure spirituelle de ses disciples et de tous ceux qui se sont inscrits dans son sillage. Cette intuition première appartient à tous, soit qu'ils l'aient entendue par la transmission de l'Évangile, soit qu'ils l'aient mystérieusement découverte par l'invention de leur propre vie. En eux l'aventure spirituelle se poursuit et celui qui n'a jamais entendu prononcer le nom de Jésus peut la faire sienne, car cette parole appartient à l'humanité. Elle est la parole de l'accomplissement de l'homme.

Tout homme, quelle que soit sa foi ou son incroyance, peut prendre place dans cette fantastique aventure, toujours en cours, jamais achevée. D'une manière exceptionnelle et dans la singularité de son être, Jésus, en son temps, a livré par toute sa vie l'intensité du mystère de Dieu qui l'animait : il a été parmi les siens le sacrement de ce mystère. Aujourd'hui, confrontés à leur propre foi et provoqués par les interrogations de la conscience contemporaine, ils sont nombreux ceux qui parmi les disciples de Jésus se disent toujours chrétiens, tout en pensant que le mystère de Dieu qui habite un homme ne peut être identifié à Dieu lui-même. Le cœur de la foi chrétienne n'est pas de proclamer que Jésus est Dieu, mais pour chacun de ses disciples de tenter, tout au long de son existence, et sans doute pour une petite part de sa vie, de devenir, dans la singularité de son être, ce que Jésus a été dans la singularité de la sienne. Dire que Jésus est ressuscité, c'est reconnaître que la parole inaugurale est toujours vivante en lui donnant un corps dans sa propre vie.

Pour qu'une religion demeure possible, il lui faut demeurer une religion, ce lieu de rencontre, de célébration, d'accompagnement et de suscitation permanente pour ouvrir l'humanité à la croissance en elle de l'humain et à sa disposition d'infini. Elle ne doit pas prendre la place de Dieu et se donner ainsi comme le but ultime. La religion n'est pas une fin en soi. Il faut rendre à César ce qui est à César, à la religion ce qui est à la religion et à Dieu ce qui est à Dieu. Au cœur de toute religion on ne peut faire usage de Dieu pour fonder un pouvoir, pour garantir un enseignement, pour codifier une morale : on ne peut que s'en remettre à Dieu. Quand, dans l'expression du Credo, on dit « Je crois en Dieu » et « Je crois en l'Église », on ne dit pas la même chose, car toute Église est relative, seul Dieu est absolu.

Aujourd'hui, ce n'est pas l'unité des Églises chrétiennes qui me paraît une entreprise première. Je ne pense même pas qu'elle soit souhaitable, car la diversité des Églises chrétiennes, en maintenant vivante la richesse de traditions différenciées, est un rappel permanent, au sein de toute confession chrétienne, des chemins de l'histoire, du croisement des cultures et des sensibilités individuelles. Je ne dirais pas :« Dieu reconnaîtra les siens », mais plutôt : « Dieu les reconnaîtra tous. » Tous ces hommes qui, tant bien que mal, à travers la religion qui était la leur ont tenté de maintenir ouvert leur esprit au mystère de Dieu inconnaissable, au-delà de tout enseignement sur Dieu.

Restituer le mystère de Dieu à l'humanité

La tâche qui, me semble-t-il, s'impose aux hommes religieux de notre temps, et plus précisément aux chrétiens de l'Occident, s'ils veulent sauver leurs Églises de l'insignifiance dans laquelle elles risquent de disparaître, est de restituer à l'humanité entière le mystère de Dieu qu'elles se sont accaparé. Au point qu'elles ont entrepris d'imposer à leurs fidèles et, par l'intermédiaire de ceux-ci, à tous les hommes leur doctrine comme la seule vérité sur le mystère de Dieu. Elles en ont éclairé beaucoup, elles en ont désespéré autant. Elles ont même matraqué la foi à coup de définitions dogmatiques. Le terrible paradoxe est qu'elles ont rendu à certains la foi incroyable et qu'elles ont privilégié l'adhésion à des croyances au détriment du dynamisme spirituel créateur. L'intuition spirituelle se déploie dans un espace plus vaste que le champ balisé par les règles et les définitions. Alertés par tout ce qui menace leur pouvoir, les chefs religieux se sont toujours méfiés des mystiques, ils les ont suspectés de déviance avant même que ceux-ci aient pris conscience de la puissance subversive de l'absolu qui les animait. Elles seront transfigurées, ces Églises chrétiennes, quand elles seront d'abord contemplatives du mystère de Dieu en tout homme.

Toute l'histoire du christianisme a pourtant été accompagnée par des courants mystiques et de grandes figures spirituelles qui l'ont maintenu en éveil. La Réforme protestante s'est inscrite dans la belle entreprise d'éclairer l'Église catholique sur l'exigence spirituelle de son temps. Elle a entrepris ce qui était à sa mesure sans aller sans doute au terme de ses intuitions. Les chrétiens auront à entreprendre dans les générations à venir une nouvelle Réforme. L'entreprise sera difficile car il n'est pas certain que les protestants et les catholiques réformateurs auront les mêmes perspectives et parce qu'il est encore moins évident de refaire l'histoire.

Je pense que ce qui a assuré la réussite du christianisme comme religion est aujourd'hui la faiblesse qui annonce son déclin. Ce qui a fait le succès de la religion chrétienne c'est qu'elle a su masquer aux hommes que le mystère de Dieu n'était pas à leur disposition : elle leur a dit qu'ils pouvaient faire usage de Dieu et diriger le monde en son nom. Elle leur a donné les moyens, par ses rites sacramentels, de convoquer Dieu au rendez-vous de leur attente et, pour ne pas être submergée par son mystère, elle l'a tenu prisonnier dans les définitions de sa doctrine. Ce fut une réussite éclatante, conduite par des hommes de génie qui savaient d'instinct qu'une religion se fonde sur des affirmations indiscutables.

Ce sont justement ces affirmations qui sont aujourd'hui discutées. Nul n'ignore le gigantesque effort intellectuel et spirituel entrepris dans les quatre premiers siècles de l'Église catholique pour donner corps à une pensée et élaborer une théologie dont Thomas d'Aquin (1228-1274) consacrera l'apogée en vingt-deux ans seulement d'enseignement. En publiant ses deux « sommes », il élabore ce qui deviendra pour l'Église la référence première de la philosophie et de la théologie des siècles suivants. Tout l'enseignement du catéchisme, grâce à d'efficaces simplifications pédagogiques, en dépendra jusqu'à ces dernières années. Le plus ignorant des desservants d'une église de campagne pouvait bétonner la foi de ses ouailles en revenant sans cesse sur les dogmes de la révélation, de l'incarnation et de la rédemption. La masse des fidèles est alors devenue le plus sûr garant d'une orthodoxie sans faille qui tirait son autorité de la répétition de « vérités » reconnues, bien avant la lettre, comme infaillibles, puisque d'évidence « Dieu ne pouvait ni se tromper, ni nous tromper ». Le catéchisme avait réponse à tout. Il suffisait de l'apprendre par cœur et de savoir pour la vie qui était Dieu.

Et voici qu'à partir du siècle des Lumières et de la critique philosophique des « maîtres du soupçon », la belle machine s'est déréglée. Bien sûr, au sein même de l'Église et dès les XIIIe et XIVe siècles, Maître Eckart et ses disciples Suso,

Tauler, Ruysbroek… que l'on reconnaît comme les témoins du courant des mystiques rhénans, avaient engagé une entreprise spirituelle novatrice en explorant ce chemin difficile de vivre de la foi tout en respectant l'expérience première selon laquelle Dieu est inconnaissable. À toutes les époques de l'histoire de l'Église, il s'est trouvé de grands croyants, conscients des limites de l'humanité et épris de l'infini de Dieu, pour vivre religieusement de l'absence de Dieu. Des mystiques rhénans je retiens : « Dieu est au-delà de Dieu » et du pasteur Bonhoeffer : « Dieu nous dépossède de Dieu. » Ces deux paroles ont été décisives dans ma vie. Ce sont elles qui m'ont permis de rester un homme religieux.

Aller vers Dieu tout en se déprenant de Dieu est une longue entreprise, porteuse de graves tensions entre la foi secrète et la foi enseignée. Mais la foi n'est-elle pas toujours secrète ? Elle est même le secret de l'être. Disciple de Maître Eckart, Jean-Marie Gueullette suggère cette dépossession : « L'homme libre n'attend rien de Dieu. Renoncer à Dieu en tant qu'il donne et que tu reçois. C'est là la véritable liberté dans la relation à Dieu : cette union qui ne repose sur aucun intérêt de part ou d'autre, cette union marquée uniquement par la gratuité et la liberté, un amour sans pourquoi.[…] L'homme libre n'attend rien de Dieu et Dieu n'attend rien de lui, car l'échange, l'union ne se situent pas dans la catégorie des choses que l'on donne et que l'on échange. Tout cela nous est extérieur. L'union de l'homme détaché avec Dieu est une relation où l'homme se donne comme Dieu se donne. L'homme libre, le saint n'attend rien de Dieu, il vit en Dieu[4]. »

Sauver la religion de l'insignifiance

Suspectés en leur temps, ces hommes de la spiritualité, du dépouillement et de l'inconnaissance ont ouvert la voie qui permettra sans doute dans le siècle qui commence de sauver la religion de l'insignifiance. Nul aujourd'hui parmi les théologiens ne les ignore et nombreux dans les communautés chrétiennes sont ceux qui, sans connaître leur œuvre, sont habités par leur esprit. Les grands spirituels, pour la plupart témoins fidèles de leur religion, ont ouvert la voie de la liberté intérieure. Ils n'ont jamais dissocié la reconnaissance de Dieu comme mystère de l'entreprise de leur propre existence. Raimon Panikar, que l'on pourrait qualifier de théologien de l'expérience spirituelle des grandes traditions religieuses, relie ainsi l'évocation de Dieu à l'accomplissement de l'humanité : « Dieu est un symbole intraduisible et, pour un grand nombre de gens sans

4. Jean-Marie Gueullette, *Laisse Dieu être en toi*, Le Cerf, 2002, p. 79-80.

doute, irremplaçable. Mais nous devons être conscients qu'il s'agit d'un symbole qui s'exprime en un mot. Un mot qui veut exprimer ce qui, par nature même est inexprimable et que nous employons pour donner à entendre un mystère, un lieu qui est celui de la liberté et un royaume qui est celui de l'infini [5]. »

L'essentiel ne s'enseigne pas, il se transmet d'être à être. La communion des êtres se moque des frontières, à chaque époque elle prend des formes nouvelles et fait naître des évidences qui étaient alors comme cachées. L'humanité en est éclairée et ne pourra revenir à ses démons archaïques. Au fur et à mesure que se transforme dans la conscience des hommes l'image qu'ils se font de Dieu, les religions perdent de leur autorité et gagnent en intériorité. D'une manière très simple se fait jour, souvent chez ceux qui sont les moins assidus aux pratiques religieuses, le constat qu'il n'est plus possible de croire comme avant. Pour avoir été, à l'origine, les initiatrices de la reconnaissance de la grandeur de l'homme devant Dieu, les religions seront aujourd'hui les premières bénéficiaires de ce déplacement. Plus l'homme croit en liberté et en maturité spirituelles, plus les religions trouveront en elles-mêmes la force de

5. Raimon Panikar, *L'expérience de Dieu*, Albin Michel, 2002, p. 200.

se transformer, de renoncer à leur intransigeance et à la paresse répétitive de leur langage. Révélées à elles-mêmes par un mouvement qui les dépassent, les religions en recevront l'annonce de leur devenir et la chance de se survivre. Elles poursuivront alors leur tâche essentielle d'accompagner tout homme vers son accomplissement.

Les croyants qui s'inscrivent dans cette mouvance ne renoncent pas à être croyants, bien au contraire. Mais ils ne croient plus au même Dieu. Sans doute faudra-t-il, au sein des Églises chrétiennes, que puissent cohabiter des fois différentes, dans la reconnaissance que la foi unique ne pourra plus être dite et que le seul Credo ne pourra pas en rendre compte. Il faut aujourd'hui laisser du temps à la foi. Et grâce à cette confiance dans l'infini mystère de Dieu, grandira l'espace, au sein de la communion de l'Église, où il sera possible que chacun puisse être le prophète de sa propre foi. Nul n'est hérétique en son mystère. Envisager l'avenir du christianisme suppose de valoriser cette liberté créatrice qui fut celle de son origine : la foi n'est donc pas ce système de croyances, cette logique des dogmes censée tout expliquer. Elle est d'abord un lieu où chacun peut résider et laisser grandir une confiance en une Parole donnée par quelqu'un. La foi ne s'embarrasse pas de démonstrations claironnantes. Une Parole se rend signifiante si elle se laisse éprouver par le silence. L'expérience originelle du christianisme le relate : dans la cour du grand-prêtre, face aux accusations de ceux qui cherchent à le condamner à mort, Jésus se tient silencieux.

Puisse Adolphe Gesché être entendu, quand il privilégie la patience de la contemplation : « Si l'on accepte que la divinité de Jésus pourrait se penser dans des concepts plus doux, avec lesquels nous risquerions moins d'être "lapidés par nos propres idées" (Grégoire de Nysse), ne faudrait-il pas songer précisément à quitter toute impatience et apprendre à séjourner plus calmement dans la confession ? [...] Une confession de foi ne s'arrache pas, elle demande qu'on séjourne en elle avant de vouloir la trop vite figer. [...] Pour cela, il faut apprendre à séjourner dans la confession de foi, continuer à questionner sans cesse, grandir en elle. Tels sont le destin et la chance de toute grande réponse à une question. [...] Le mystère de Dieu ne se laisse pas entendre trop rapidement. Il ne faut pas piétiner la foi par notre brusquerie[6]. »

Aujourd'hui, beaucoup de croyants sont entrés dans l'épreuve révélatrice du manque. Conscients de la limite de leur être fini, ils ne prétendent plus atteindre l'infini, ni le retenir

6. Adolphe Gesché, *Le Christ*, Le Cerf, 2001, p. 219-221.

dans une définition dogmatique. Leur foi est d'explorer ce désir de l'infini qui les habite. Ils sont plus intéressés par l'espace qui ainsi s'ouvre à eux que par la promesse de la vie éternelle. Ils se désintéressent même de leur salut. Mais ils demeurent passionnés par le sens de cette existence qu'ils partagent avec tous et dont ils se sentent responsables. Ils entrent en résonance avec l'annonce de Jésus : « Le Royaume de Dieu est parmi vous. » Et sans doute sont-ils plus mobilisés par l'urgence de construire ce royaume et d'en déceler les signes que par le culte rendu à Dieu. Ils vivent dans l'entreprise de l'inachevé et dans la connaissance de l'inaccompli.

Je ne me sens ni seul ni isolé dans cette aventure. J'entends le murmure qui m'arrive de l'humanité entière, qui traverse toutes les religions et qui rejoint mon être tout entier, aspiration à communier à l'inconnaissable, et souffle créateur qui m'inspire que le mystère de Dieu ne m'est pas étranger. C'est *l'inoubliable* que nomme ainsi Jean-Louis Chrétien. Par lui je suis fondé pour maintenir en moi le désir de *l'inespéré*[7]. L'inespéré est au-delà de l'espérance, il est libre de toute représentation, de tout concept, simplement il s'annonce comme un désir de l'être, comme une communion d'être à

7. Jean-Louis Chrétien, *L'inoubliable et l'inespéré*, Desclée De Brouwer, 2000.

être. Dans cette investiture le mystère de l'homme et le mystère de Dieu sont un unique mystère. Et j'entends le mystère non pas comme ce que je ne peux pas comprendre, mais comme ce que je n'aurai jamais fini d'explorer. C'est aujourd'hui la seule expérience que j'ai de l'éternité.

Le secret qui habite les êtres ne peut pas être dévoilé, mais il nous est possible de découvrir qu'ils en sont habités. En ce sens la foi est la contemplation de l'ultime en chaque être. Il arrive qu'une parole nous rejoigne ; dans l'émotion que nous en éprouvons, nous reconnaissons qu'elle nous était destinée et que d'autres partagent avec nous ce que, livré à nous-même, nous n'aurions pas su formuler. Cette parole, je la reçois comme une parole *religieuse*. Nous n'en connaissons pas toujours la source, mais nous savons qu'elle est nôtre. Il arrive qu'elle surgisse de la lecture des Écritures, mais elle nous arrive aussi d'ailleurs avec autant de force. Elle peut être si simple et même si banale que nous demandons : comment se fait-il que je l'entende avec tant de bonheur et de gravité ? Celui qui la livre pressent que d'autres l'avaient entendue avant lui et qu'elle accompagnera peut-être, au-delà de lui-même, les inconnus de la *question infinie*. Elle peut venir de tout bord, mais elle ne cesse de traverser les religions qui – c'est leur innocence –, suscitent et mettent en présence, dans une communion d'être à être, les insatisfaits de la foi.

Ainsi, je me reconnais dans cette suggestion de René Char : « Nous faisons nos chemins comme le feu ses étincelles, sans plan cadastral [8]. »

*

Alain Rémond

Je suis étonné lorsque vous dites : « Le cœur de la foi chrétienne n'est pas de proclamer que Jésus est Dieu. » Ne pensez-vous pas que ce qui est au cœur de la foi chrétienne, c'est de dire la même chose mais à l'envers : « Dieu s'est fait homme en la personne de Jésus » ? Ce qui est bouleversant, dans le christianisme, n'est-ce pas l'humanité de Dieu qui a vécu, est mort comme un homme ?

Bernard Feillet

À ce sujet, deux courants se croisent et s'entrecroisent aujourd'hui à l'intérieur du christianisme, et cela éclaire tous les débats qui ont lieu dans toutes les communautés chrétiennes. La manière dont on parle de la divinité de Jésus efface pour le monde

8. René Char, *Chants de la Balandrane*, Gallimard, 1977.

contemporain la question essentielle sur laquelle se jouera l'avenir du christianisme. J'ai pris un des deux partis, parce que je vis mieux dans mon Église sans identifier Jésus à Dieu, mais, comme Marcel Légaut, je dirais : « Jésus est de Dieu », sans plus. Tout ce que je dirais de plus sortirait du champ de mon expérience. Mais je comprends très bien que certains, parce que Dieu est loin, justement, fassent de Jésus l'identification de Dieu dans notre humanité.

UN ATHÉE FIDÈLE

par André Comte-Sponville

« A-t-on encore besoin d'une religion [1] ? » La première réponse qui me vient, c'est : cela dépend pour qui ! Moi, je n'ai plus besoin de religion, d'autres en ont encore besoin... Si, dans la question telle qu'elle est formulée, le « on » désigne un individu, on peut assurément se passer de religion, ce qui ne signifie pas qu'on le doive. Il ne nous reste qu'à accepter nos différences.

En revanche, si le « on » est pris dans un sens sociologique, c'est différent. Cela revient alors à demander : une société peut-elle se passer de religion ? Tout dépend ici de ce qu'on entend par religion. Si la religion est entendue au sens occidental et traditionnel du terme, comme la croyance en un Dieu personnel, créateur et transcendant, alors la question est historiquement résolue : une société peut se passer de religion. Le confucianisme et le bouddhisme en ont fait la preuve, eux qui ont nourri des sociétés et des civilisations immenses, parmi les

1. Le texte qu'on va lire est la transcription d'une intervention orale, certes relue et corrigée, mais sans que j'aie voulu changer son statut, qui m'était imposé par la circonstance (une table ronde) et la brièveté du temps qui nous était imparti.

plus anciennes du globe, des civilisations qui sont encore vivantes aujourd'hui et qui ne reconnaissent pourtant aucun Dieu de ce type.

Mais qu'est-ce qu'une religion ? D'un point de vue étymologique, le mot a deux significations possibles.

La religion comme lien

Beaucoup de linguistes pensent que *religio* (d'où vient bien sûr « religion ») vient du latin *religare*, relier. De ce point de vue, il est clair qu'aucune société ne peut se passer de lien social ; et si tout lien est religieux, alors, en ce sens, aucune société ne peut se passer de religion. Reste pourtant à savoir si le seul lien social possible est la croyance en un Dieu personnel, transcendant et créateur… L'histoire a prouvé que non.

Il est vrai que dans une religion comme le christianisme les gens sont reliés entre eux parce qu'ils sont tous reliés à Dieu. Néanmoins, ce qui les relie entre eux, à mon avis, ce n'est pas Dieu, dont l'existence est douteuse, c'est qu'ils communient dans la même foi. Ainsi, le vrai contenu du lien social c'est la communion. En tant que communauté, aucune société ne peut se passer de communion. C'est la communion qui crée la communauté, et pas l'inverse.

Reste à savoir ce qu'est une communion… Voici ma définition : *Communier, c'est partager sans diviser.* On ne peut pas communier en un gâteau, par exemple, car la seule façon de le partager c'est de le diviser. Plus on est nombreux, plus les parts de chacun seront petites ; et si vous en avez plus, les autres en auront moins. En revanche, on peut communier dans le plaisir qu'il y a à manger un très bon gâteau ! Si on le mange à quatre, à huit, le plaisir n'est en rien amputé par rapport au plaisir qu'il y aurait à le manger tout seul, il en est même plutôt augmenté. À l'échelle d'une société, on ne communie pas dans la comptabilité nationale : si on en donne plus aux agriculteurs, il y en aura moins pour les enseignants, pour les retraités, etc. En revanche, dans une société démocratique et laïque comme la nôtre, la communion se fait autour d'un certain nombre de valeurs – *liberté, égalité, fraternité* –, dans l'amour de la patrie ou celui de la justice, etc. C'est ce qu'on appelle une civilisation, qui est une communion des esprits, certes historiquement et socialement déterminée, certes conflictuelle (la civilisation n'est pas un long fleuve tranquille), mais sans laquelle aucune société ne pourrait subsister. Ainsi, dire qu'il n'y a pas de société sans communion, cela ne prouve pas que toute communion suppose la croyance en un Dieu transcendant, personnel et créateur. On peut communier dans autre chose qu'une religion.

La religion comme relecture

Deuxième étymologie possible... Certains linguistes pensent que *religio* viendrait de *relegere*, qui peut signifier « recueillir » ou « relire ». En ce sens, la religion n'est pas seulement ce qui *relie,* mais ce qu'on *recueille* et *relit* : des textes fondateurs, une Parole, une culture, une tradition, une civilisation, ce que j'appelle une *fidélité*, dont aucune société ne peut se passer non plus. Je choisis ce mot de *fidélité* à dessein, car c'est un doublet du mot *foi*. Cela signifie que les deux mots de *foi* et de *fidélité* ont la même origine étymologique (le latin *fides*), mais deux sens différents. Cela m'éclaire. Je dis souvent que *la fidélité, c'est ce qui reste de la foi quand on l'a perdue*. Sous prétexte que je ne crois plus en Dieu, et que notre société déchristianisée y croit de moins en moins, doit-on pour autant jeter le bébé avec l'eau du bain, comme on dit familièrement, c'est-à-dire renoncer, en même temps qu'au Dieu socialement défunt, comme pourrait dire un sociologue nietzschéen, à toutes ces valeurs morales, culturelles, spirituelles, dont nous savons bien qu'elles sont nées historiquement dans les religions (spécialement dans les trois grands monothéismes, pour ce qui est de nos civilisations), qu'elles ont été transmises pendant des siècles par la religion (spécialement par l'Église catholique, pour ce qui est de notre pays), mais dont rien ne prouve qu'elles aient besoin d'un

Dieu pour subsister ? Avez-vous besoin de croire en Dieu pour penser que la sincérité vaut mieux que le mensonge, que la générosité vaut mieux que l'égoïsme, que le courage vaut mieux que la lâcheté, que la douceur et la compassion valent mieux que la violence et la cruauté, que l'amour vaut mieux que la haine ? Bien sûr que non ! Si vous croyez en Dieu, vous allez vivre en même temps votre foi et votre fidélité. C'est la figure traditionnelle, c'est très bien comme ça, continuez ! Mais si vous ne croyez pas ou plus en Dieu – si vous n'avez plus la foi –, il vous reste à être au moins fidèle à ces valeurs que nous avons reçues et que donc nous avons à charge de transmettre.

Ainsi, une société peut très bien se passer de *religion* au sens occidental du terme (la croyance en un Dieu transcendant, personnel et créateur), mais elle ne peut se passer ni de *communion* ni de *fidélité.*

Conséquences de l'athéisme

S'agissant de notre civilisation occidentale, la vraie question devient donc la suivante : que reste-t-il de l'Occident chrétien quand il n'est plus chrétien ? De deux choses l'une. Ou bien vous pensez qu'il n'en reste rien – et alors, il n'y a plus qu'à aller se coucher. Nous n'avons plus rien à opposer ni au fanatisme, à l'extérieur, ni au nihilisme, à l'intérieur. Et, croyez-moi, le nihilisme est de très loin le danger principal. Ou bien, deuxième possibilité, et je n'en vois pas d'autre, vous pensez qu'il en reste quelque chose, de l'Occident chrétien, quand il n'est plus chrétien. Et si ce qu'il en reste ce n'est pas une *foi* commune – puisqu'elle a cessé, de fait, d'être commune : aujourd'hui un Français sur deux est athée ou agnostique, j'en fais partie, un sur quatorze est musulman, etc. –, si ce qu'il en reste ce n'est pas une *foi* commune, ce ne peut être qu'une *fidélité* commune, c'est-à-dire un attachement partagé – une communion – à ces valeurs que nous avons reçues et que nous avons à charge de transmettre.

Voilà pourquoi il m'arrive de me définir comme *athée fidèle*. Athée, puisque je ne crois en aucun Dieu ; mais fidèle parce que je me reconnais dans une certaine tradition, une certaine histoire, et dans ces valeurs judéo-chrétiennes (ou gréco-judéo-chrétiennes) qui sont les nôtres.

Cela ne signifie pas que le fait d'être athée ne change rien. Pour moi, qui ai été croyant dans les années les plus importantes de ma vie – l'enfance et l'adolescence –, j'ai beaucoup réfléchi à cette question. La conceptualisation de Kant m'aidera à m'en expliquer.

Kant résumait le champ de la philosophie en trois questions : « Que puis-je connaître ? Que dois-je faire ? Que m'est-il permis d'espérer ? » La connaissance, la morale, la religion.

Perdre la foi ne change rien à la connaissance. Les sciences restent les mêmes, avec les mêmes limites.

Cela ne change rien non plus, ou presque rien, à la morale. Ce n'est pas parce que vous avez perdu la foi que vous allez soudain trahir vos amis, voler, assassiner, violer ou torturer des enfants ! Si je dis « presque » rien, c'est que sur des questions qui relèvent moins de la morale que de la théologie, par exemple le préservatif, il y aura quelques petites différences… L'avortement est un problème moral, qu'on ait la foi ou pas ; mais le préservatif n'est guère un problème moral : si vous n'avez pas la foi, la question de savoir s'il est bien ou pas d'utiliser un préservatif pour se protéger et protéger l'autre contre le sida est vite résolue ! Bref le préservatif n'est pas un problème moral : c'est un problème théologique. Mais laissons ces broutilles. Sur toutes les grandes questions, le respect de la vie et de l'autre, la supériorité de l'amour sur la haine, de la sincérité sur le mensonge, etc., croire ou pas en Dieu ne change rien d'essentiel. Bref, un athée peut être vertueux, aussi sûrement qu'un croyant peut ne pas l'être.

En revanche, perdre la foi change beaucoup de choses quant à la troisième question :

« Que m'est-il permis d'espérer ? » Parce que si vous ne croyez pas ou plus en Dieu, il ne vous est rien permis d'espérer – en tout cas rien d'absolu ou d'éternel, rien au-delà du « fond très obscur de la mort », comme disait Gide, si bien que toutes nos espérances pour cette vie, fussent-elles légitimes, viennent buter et s'abolir sur ce néant ultime. Pascal avait raison de dire qu'un athée lucide ne peut pas échapper au désespoir ; c'est ce que j'ai cherché à penser jusqu'au bout dans mes premiers livres, notamment dans le *Traité du désespoir et de la béatitude*[2]. En revanche, rien ne prouve que ce désespoir soit un malheur. Les traditions de sagesse antiques et orientales enseignent au contraire qu'il peut exister quelque chose comme un *gai désespoir*, comme un bonheur désespéré, qui est peut-être le seul vrai bonheur – puisque tant que l'on espère le bonheur, c'est qu'on ne l'a pas, et que lorsqu'on est heureux, on n'a plus rien à espérer.

L'amour, vertu suprême

J'en étais là de ma réflexion il y a une dizaine d'années. À bien y réfléchir je ne suis plus si sûr, aujourd'hui, que la question de l'espérance, aussi importante soit-elle, épuise la

2. André Comte-Sponville, *Traité du désespoir*..., rééd., PUF, 2002.

question des rapports entre la religion et l'athéisme.

Il y a environ six ans, je faisais une conférence sur l'idée de la spiritualité sans Dieu, dans l'est de la France. Après ma conférence, certaines personnes viennent me saluer. Parmi elles, un homme assez âgé, qui se présente à moi comme prêtre catholique (il porte en effet une petite croix dorée à la boutonnière). « Je suis venu vous remercier, me dit-il ; j'ai beaucoup aimé votre conférence. » Puis il ajoute : « Je suis d'accord avec tout. » Je le remercie à mon tour, mais je reprends : « Toutefois, mon Père, lorsque vous me dites que vous êtes d'accord avec tout, vous me surprenez quelque peu… Vous ne pouvez pas être d'accord avec moi sur ce que j'ai dit sur l'existence de Dieu et l'immortalité de l'âme, auxquelles je ne crois pas ! »

Le vieux prêtre sourit doucement :

« Vous savez, tout ça, me répond-il, ça a tellement peu d'importance ! »

Il s'agissait de l'existence de Dieu et de l'immortalité de l'âme, et il était prêtre catholique… Je ne sais ce qu'en aurait pensé son évêque, qui aurait peut-être trouvé le propos d'une orthodoxie ou d'une catholicité douteuses… Mais je sais que moi, j'ai trouvé ces paroles véritablement évangéliques… Au fond, à la lecture des évangiles, ce qui fait la valeur d'une vie humaine, est-ce le fait que la personne en question croit ou pas en Dieu, qu'elle croit ou pas en une vie après la mort ? S'agissant de ces deux questions, la seule vérité, pour vous comme pour moi, c'est que nous n'en savons rien ! Croyants et incroyants, nous ne sommes séparés que par ce que nous ignorons. Il serait paradoxal d'attacher plus d'importance à ce que nous ignorons, qui peut sembler nous séparer, qu'à ce que nous connaissons très bien, d'expérience, et qui nous rapproche : ce qui fait la valeur d'une vie humaine, ce n'est pas la foi, ce n'est pas l'espérance, c'est la quantité d'amour et de courage dont on est capable.

De ce point de vue, j'ai été amené à considérer que l'abîme que j'avais cru percevoir en quittant l'Église n'était pas aussi considérable que je l'avais d'abord pensé. La question me paraissait en fait de moins en moins importante. À bien y réfléchir, c'est ce que j'ai vu aussi dans le christianisme, tel du moins que je l'interprète aujourd'hui.

Souvenez-vous de l'hymne à la charité, dans la première épître aux Corinthiens (1 Co 13). C'est ce très beau texte où saint Paul évoque ce qu'on appellera plus tard les trois vertus théologales, la foi, l'espérance, la charité (ou l'amour : *agape*). La plus grande des trois, explique saint Paul, c'est l'amour : je peux avoir le don des langues, celui des prophéties, une foi à déplacer les montagnes, si je n'ai pas la charité, je ne suis rien. Puis saint Paul ajoute : « Tout le reste passera, la charité seule ne passera pas. » Nous avons tous entendu ce texte des dizaines de fois, sans nous demander ce que cela veut dire. Mais saint Augustin, lui, relisant ce texte, s'interroge. Cela veut-il dire que la foi passera ? que l'espérance passera ? Et saint Augustin répond que oui : dans le Royaume, au Paradis, il n'y aura plus de foi – il n'y aura plus lieu de « croire » en Dieu puisqu'on *saura* Dieu et qu'on *sera* en Dieu. Il n'y aura plus d'espérance non plus, car, au paradis, il n'y aura plus rien à espérer. Ainsi le Royaume est cet espace spirituel où il n'y a plus ni foi ni espérance – où il n'y a plus que l'amour et la vérité.

Le Royaume, ici et maintenant

De mon point de vue d'athée fidèle, le Royaume, c'est ici et maintenant. Nous sommes dans le Royaume. Il nous reste à habiter cet espace, à la fois matériel et spirituel, où rien n'est à croire, puisque tout est à connaître, où rien n'est à espérer, puisque tout est à faire ou à aimer – *à faire*, pour ce qui dépend de nous, et *à aimer* pour ce qui n'en dépend pas.

Dès lors que nous sommes ici et maintenant dans le Royaume, la question de savoir si ce Royaume continue ou pas après la mort devient quelque peu dérisoire ou anecdotique ;

elle n'a d'importance qu'à proportion de l'intérêt narcissique que nous nous prêtons à nous-même, au point que je mesurerais volontiers le degré d'élévation spirituelle d'un individu à l'indifférence plus ou moins grande où le laisse cette question.

Le plus étonnant, c'est que neuf siècles après saint Augustin, saint Thomas reprend le dossier – et pas dans un texte mineur, en passant, mais dans la *Somme théologique*. Il dit la même chose que saint Augustin : dans le Royaume, il n'y aura ni la foi ni l'espérance, il n'y aura que l'amour. Mais il ajoute une phrase étonnante, que je n'ai jamais lue nulle part ailleurs et dont je dois dire, lorsque je l'ai découverte, qu'elle m'a secoué : « D'ailleurs le Christ n'a jamais eu ni la foi ni l'espérance, et cependant il était d'une charité parfaite. »

Bien sûr, du point de vue de saint Thomas, si Jésus n'a jamais eu ni la foi ni l'espérance, c'est qu'étant Dieu, il était à la fois omniscient et tout-puissant : il n'avait donc rien à croire ni à espérer.

Mais du point de vue de l'athée fidèle que j'essaie d'être, cela donne un sens singulier, et singulièrement fort, à ce qu'un livre fameux appelait *L'imitation de Jésus Christ* ! Si, de l'aveu même de saint Thomas, Jésus n'a jamais eu ni foi ni espérance, désirer l'imiter, ce n'est pas imiter sa foi ou son espérance, puisqu'il n'en avait pas ; c'est chercher à imiter son amour.

Une spiritualité hors de la religion

Et puis il y a la dimension proprement spirituelle... On ne peut pas se passer de communion, de fidélité, d'amour, mais pas non plus de spiritualité. Être athée, ce n'est pas renoncer à toute vie spirituelle. Comme, en Occident, la seule spiritualité avérée socialement fut pendant des siècles une religion (le christianisme), on a fini par croire que *religion* et *spiritualité* sont synonymes. Il n'en est rien ! Il suffit de prendre un peu de recul – dans le temps, du côté des grandes écoles de sagesse grecque, et dans l'espace, du côté de l'Orient bouddhiste ou taoïste – pour découvrir qu'il a existé, et qu'il existe encore, d'immenses spiritualités qui n'étaient ou ne sont en rien des religions, au sens d'une foi en un Dieu transcendant, personnel et créateur.

Ce n'est pas parce que je suis athée que je vais me châtrer de l'âme, ni renoncer à toute vie spirituelle. Et cette vie spirituelle ne se mesure pas à la question de mon ami Luc Ferry : « Qu'est-ce qu'une vie réussie ? » Aussi légitime qu'elle soit dans son ordre, l'éthique, cette question ne me paraît pas toucher à l'essentiel de la spiritualité. Cette question n'a de sens qu'à proportion de l'attachement

– toujours plus ou moins narcissique ou infantile – que nous avons pour nous-même. Il me semble qu'on aurait beaucoup surpris saint François d'Assise ou Maître Ekart en leur demandant s'ils avaient réussi leur vie. Ce n'est pas une question spirituelle mais une question éthique.

Le mystère

En fait, la spiritualité n'est pas une question mais une expérience. En tant qu'athée, mon expérience spirituelle la plus haute est une expérience mystique. Même si j'ai mis du temps à accepter ce mot, c'est le seul qui convienne. Dans *mystique*, il y a *mystère*. Mystère de quoi ? Mystère de tout ! Pourquoi on meurt n'est pas une question difficile : le premier biologiste venu peut nous expliquer pourquoi nous allons mourir. Quel est le sens de la vie n'est pas non plus une question si difficile ; il y a mille réponses disponibles sur le marché ! Une seule question est vraiment difficile, parce que la réponse est impossible, c'est la question de l'être. L'existence de tout – de l'étoile au plus petit caillou – est foncièrement inexplicable (même si on peut en fournir des causes, puisqu'il faudrait alors donner les causes des causes en remontant à l'infini, ce qui est bien sûr impossible, jusqu'à cette question ultime : « Pourquoi y a-t-il quelque chose plutôt que rien ? »).

Une partie de la vie spirituelle consiste d'abord à habiter ce mystère-là : le mystère de l'être. Cela revient à court-circuiter ou à mettre entre parenthèses les fausses évidences de la conscience commune, cette fausse familiarité qui nous empêche de percevoir qu'être au cœur de l'être, comme nous le sommes, c'est être aussi au cœur du mystère.

La question du manque

Autre mise entre parenthèses : la mise entre parenthèses du manque. Ordinairement, nous passons notre temps à courir après quelque chose qui nous manque. Mais il y a des moments de grâce où l'on a cessé de désirer quoi que ce soit d'autre que ce qui est, où l'on ne manque de rien, et c'est ce qu'on appelle la plénitude. Vous marchez dans une forêt, et vous ne désirez absolument rien d'autre que le pas que vous accomplissez, au moment même où vous l'accomplissez, rien d'autre que la forêt comme elle est, à cet instant même. Et comme vous êtes en train d'accomplir ce pas, comme la forêt est exactement ce qu'elle est, il ne vous manque rien. Vous êtes miraculeusement libéré du manque : plénitude.

Vous êtes aussi comme libéré de vous-même, parce qu'il n'y a plus de dualité entre ce que vous faites et la conscience qui l'observe, entre le *je* et le *moi*. C'est ce qu'on peut appeler la simplicité.

L'expérience spirituelle la plus haute met aussi entre parenthèses le langage, le discours, le mental, comme on dirait en Orient, bref le sens. C'est ce que j'appelle le silence.

Enfin, elle met aussi entre parenthèses le temps, c'est-à-dire l'opposition entre deux néants : le passé et l'avenir. Ainsi il n'y a plus que le présent ; c'est ce qu'on appelle l'éternité. Non pas pour après la mort, mais telle que la définit saint Augustin : « un présent qui reste présent ». C'est le présent même, en tant qu'il dure. Nous sommes déjà dans le Royaume : c'est toujours aujourd'hui ; l'éternité, c'est maintenant.

Être athée n'empêche pas de vivre des expériences de mystère, des expériences de plénitude (plus de manque), des expériences de simplicité (plus de dualité), des expériences de silence (plus de discours) et des expériences d'éternité (plus d'autre temps que le présent). Je n'ai pas besoin de croire en Dieu pour vivre cela. Je crois avoir compris que je n'étais séparé de la simplicité, de la plénitude, du silence et de l'éternité que par moi-même. Je n'ai plus besoin de religion, parce que Dieu a cessé de me manquer. Et une fois que Dieu a cessé de nous manquer, bien loin d'être amputés de l'essentiel de notre expérience spirituelle, nous sommes renvoyés à ce qu'elle a de plus fort. Car même dans les religions, les grands mystiques sont ceux à qui Dieu a cessé de manquer ! C'est d'ailleurs pour cela que les Églises, le plus souvent, n'aiment guère leurs mystiques : si Dieu cesse de manquer, on n'a plus besoin d'une Église... L'essentiel demeure, qui n'est pas la religion mais la présence, non la foi mais la connaissance, non l'espérance mais l'action et l'amour.

*

Bernard Feillet

Je réserve une question que je poserai directement à saint Thomas d'Aquin quand je le rencontrerai, car son discours sur l'espérance et la foi de Jésus ne me convainc pas : si Jésus est de mon humanité, il n'est pas dispensé d'être confronté à la difficulté de croire et au désir d'espérer.

Ma remarque pour André Comte-Sponville : je retiens bien le terme de fidélité, qui est la cohérence de l'être. Mais une chose manque à la première partie de cet exposé : la dimension poétique, artistique, onirique, celle de la suggestion et de la vibration. C'était trop bien en place ! Il me semble que tu reprends et que tu gardes dans le vocabulaire de la foi la vibration, sans avoir besoin de la croyance. Au fond, être croyant, c'est peut-être se laisser aller à la vibration de l'être vers l'immense, la question de Dieu étant au-delà de la question de la croyance ou de l'incroyance.

André Comte-Sponville

À chacun ses vibrations, sa poésie, son rêve... Mais enfin il s'agit de penser, et de se comprendre.

Sur Dieu, je n'ai guère à dire, parce que je n'en ai aucune expérience. Il me semble même que l'expression « une expérience de Dieu » est contradictoire. Si vous en avez l'expérience, cela ne peut pas être Dieu, tel qu'on le définit ordinairement – c'est-à-dire un être infini, tout-puissant, transcendant. Si j'en ai l'expérience c'est de l'immanence et du fini, pas de la transcendance ni de l'infini ! Dès lors que je n'ai qu'une expérience finie de l'infini, rien ne me prouve, mon expérience étant finie, que ce dont j'ai l'expérience – quand bien même cela me ferait vibrer ou rêver – est un infini transcendant, c'est-à-dire Dieu.

La question de Dieu a cessé de me paraître essentielle. Les expériences humaines – fussent-elles finies, limitées et relatives, comme elles sont toutes – me semblent plus intéressantes que les ignorances humaines ; et Dieu n'est pas autre chose que notre ignorance, une absence que l'on guette, mais qui peut nous détourner de la seule présence avérée, celle de tout, qu'il nous suffit d'habiter.

Les expériences spirituelles telles que la simplicité, l'éternité, la plénitude, le silence ne sont pas réservées aux mystiques. Dans les moments où vous faites un avec vous-même, où vous cessez d'être séparé de vous-même par la conscience que vous en prenez, il n'y a plus alors que du présent, l'éternité, un profond silence ; ces moments de paix sont plus précieux que la question du nom que vous mettez sur votre ignorance, et que je ne peux plus faire semblant d'appeler Dieu.

À quoi bon donner un contenu fantasmatique à notre ignorance, alors qu'il nous suffit d'habiter ce que nous connaissons de vérité ? Spinoza qualifiait la question de Dieu d' « asile de l'ignorance ». Ce mystère, cet asile est moins précieux que notre expérience, même finie, d'une vérité. J'aime mieux l'expérience de la présence que celle de l'absence. Or, Dieu est cette absence qui nous détourne de la seule présence avérée, la présence du tout.

Alain Houziaux

Où est la différence entre croyants et non-croyants ? Les croyants fondent leur foi sur ce qu'ils ignorent. C'est une démarche qu'on retrouve dans la science, qui a pour fonction d'être une parole sur ce que l'on ignore, et que l'on dévoile petit à petit. Dans les mathématiques aussi, on fair référence à ce que l'on ignore pour parler de ce que l'on connaît : il y a des nombres que l'on connaît – un, deux, trois, quatre, cinq... – et des nombres imaginaires ou complexes qui n'ont apparemment aucune réalité et qui échappent à notre connaissance mais qui sont utilisés pour décrire ce que l'on connaît.

En ce sens, contrairement à vous, je crois que la religion permet de connaître plus que la philosophie. Le langage théologique, qui est plus riche, plus précis et plus étendu, permet de connaître mieux que le simple langage philosophique.

Pour moi, l'utilisation du concept « Dieu » me permet d'en dire plus et mieux sur le monde, l'homme, la vie...

André Comte-Sponville

Ce que nous ne connaissons pas, c'est le mystère. Pourquoi tenez-vous à appeler ce mystère « Dieu », mettant ainsi un nom – à la fois indéfinissable et terriblement défini – sur ce que vous reconnaissez ignorer ?

Par ailleurs, je pense qu'il n'y a de connaissance ni dans la théologie ni dans la philosophie. La philosophie n'est pas un savoir de plus, mais une réflexion sur les savoirs disponibles. Les seuls savoirs sont l'expérience et les sciences. Et il est faux de dire que les sciences se fondent sur ce qu'elles ignorent ! D'abord, par définition, il n'y a pas de fondement des sciences ; ensuite, loin d'être ce qu'elles ignorent, leur seul référentiel est l'expérience et les théories disponibles. C'est en soumettant les unes à l'autre qu'on procède, par falsification comme le dit Karl Popper, en gardant – provisoirement – ce qui semble validé. Ce n'est pas se fonder sur ce qu'on ignore, c'est s'appuyer sur ce qu'on croit être vrai ou qu'on découvre être faux.

Il n'y a aucune raison d'appeler Dieu ce qu'on ignore. Si vous l'ignorez, qu'est-ce qui vous dit que c'est Dieu ?

Alain Rémond

Personne, effectivement. Mais là est peut-être précisément ce qu'on appelle la foi. À vous écouter, je me demande si vous n'offrez pas un visage inversé de l'apologétique. L'apologétique en théologie consiste à convaincre les incroyants qu'ils sont dans l'erreur, qu'il n'y a de vérité que dans la religion. C'est d'ailleurs ce que j'ai le plus détesté dans la théologie.

Vous, vous êtes en train de nous expliquer, depuis quelque temps, que ceux qui ont la foi se trompent, que ce qu'ils nomment Dieu n'existe pas, qu'ils feraient beaucoup mieux de penser comme vous... Quand je parle de ma foi, je n'essaye pas de vous convaincre. J'aimerais juste que vous ne considériez pas ceux qui ont la foi comme des demeurés qui n'ont pas encore accédé à la lumière de la connaissance.

André Comte-Sponville

Je ne cherche à briser la foi de personne. On m'invite pour expliquer pourquoi, moi, je ne crois pas. Ma conviction profonde, c'est que la foi et la non-foi des uns et des autres doit très peu aux arguments. Mais dans un débat d'idées, il faut bien assumer cette dimension.

Je ne fais pas de l'apologétique négative. Je ne suis pas un militant de l'athéisme. J'essaie de vous faire comprendre ce que cela veut dire qu'être athée… Je ne vous demande pas de penser comme moi ; j'essaie simplement d'expliquer ce que je pense. C'est pour ça qu'on nous a invités, non ?

Alain Houziaux

Ce qui me frappe, c'est l'importance que vous donnez à la spiritualité. Et à vous entendre, on peut se demander ce qu'ajoute la religion par rapport à la spiritualité. Mais vous l'avez dit vous-même : la spiritualité est individuelle. Seule une religion, avec ses mythes et ses rites, permet une communion et une communication. Les religions constituent un langage commun par lequel peuvent s'exprimer et communiquer les expériences spirituelles individuelles.

LA FOI PLUTÔT QUE LA RELIGION

par Alain Rémond

Je suis né dans une religion, la religion catholique. Je n'ai pas choisi d'appartenir à une religion. Je n'ai pas choisi cette religion-là. Je ne sais pas si j'en aurais eu besoin, si je n'étais pas né catholique. Je ne peux pas répondre à cette question. Je ne peux pas rejouer ma vie, mon histoire. J'aurais bien sûr pu naître dans une famille juive, musulmane, protestante, orthodoxe. Ou athée. Ou rien du tout. Mais voilà : je suis né catholique. En même temps que la vie, j'ai reçu la religion catholique.

Enfant, être catholique était pour moi comme une évidence. Dans mon petit village de Bretagne, dans les années cinquante, la vie de ma famille tournait autour de l'Église. Être catholique, c'était aussi naturel que de vivre. Ma vision du monde, de la vie, de la mort était irriguée par l'Église. Les croyances de l'Église étaient les miennes, sans objection, sans discussion. Notre vie de famille comme notre vie sociale étaient rythmées par les rites de l'Église. La grand-messe, le dimanche, était l'événement social de la semaine. On y retrouvait les gens du bourg, de la campagne, dans les odeurs d'encens et de brillantine. J'aimais ce grand rendez-vous, j'aimais les rites, les cantiques, le

Gloria et le *Credo* en latin, l'harmonium et la voix de stentor du bedeau.

Mon rêve était de devenir, le plus vite possible, enfant de chœur, comme mes frères avant moi. D'être au cœur même de la cérémonie. Revêtir le surplis blanc et la soutane rouge, manier l'encensoir, aider le prêtre dans tous les gestes du rituel, c'était vivre encore plus intensément cette religion qui m'habitait, me structurait. Une religion joyeuse, conviviale, mêlée comme naturellement à notre vie quotidienne.

La religion catholique de mon enfance

J'adorais les grandes fêtes religieuses au cours de l'année, surtout la Fête-Dieu, au printemps, avec la procession dans les rues du bourg, de reposoir en reposoir, piétinant des tapis de fleurs que nous avions nous-mêmes cueillies dans les champs, sur les talus. Et puis les rogations, quand on parcourt la campagne en chantant les litanies des saints pour appeler la pluie, de belles récoltes. Il y avait la confirmation, la communion solennelle, étapes d'une intégration encore plus complète dans la communauté de l'Église, fêtes familiales scandant l'enfance et l'entrée dans l'adolescence.

C'était cela qui était le plus fort, le plus intense : ce lien étroit entre vie religieuse, vie familiale et vie sociale. Être catholique était une appartenance, qui passait bien entendu par l'inscription à l'« école libre », par opposition à l'« école laïque ». À l'intérieur de la famille, la religion était un lien naturel. À l'extérieur, elle nous reliait aux autres familles catholiques, elle signait notre appartenance à un groupe. Ce qui ne nous empêchait pas, bien entendu, d'avoir des amitiés en dehors de ce groupe. Me demander, dans ces années-là, si j'avais besoin de religion, c'était comme me demander si j'avais besoin de vivre, de respirer, de marcher.

Mais être catholique était aussi une aventure personnelle, individuelle. La confession, la communion, la prière étaient des rendez-vous intimes qui m'engageaient, moi, au plus profond de mon être. J'étais croyant parce que j'étais né croyant. Mais j'avais fait de ce déterminisme ma raison de vivre. Je croyais, moi, au Père, au Fils, au Saint-Esprit, de toute ma ferveur, au-delà du poids de la famille, du groupe social.

Du moins le pensais-je. Et c'est ainsi que je crus avoir la vocation. Je le crus passionnément, intensément. Devenir prêtre, appartenir à une communauté religieuse, prononcer des vœux de pauvreté, de chasteté et d'obéissance, c'était ma façon à moi de m'approprier cette croyance, d'en faire un destin personnel. J'étais sincère, autant qu'on peut l'être quand on a neuf ou dix ans. Et qu'on ne veut pas (qu'on ne peut pas) sentir sur ses épaules les mains qui vous guident dans cette voie, dans ce choix. Aucune contrainte, aucune obligation, aucune demande précise. Mais un faisceau de désirs autour de moi, plus ou moins conscients, plus ou moins avoués. Le recteur de ma paroisse, ma mère, mon oncle, lui-même prêtre et religieux... Les lectures, les vies de missionnaires que je dévorais. La sensation confuse d'être distingué, choisi parmi les autres. Ce qu'on nomme précisément la vocation : être appelé. Sentiment d'être différent, d'avoir un destin propre, commandé par la plus haute exigence, quand on est croyant : tout sacrifier à cette croyance. Mélange de narcissisme et de don de soi, ce qu'on appelle le don de soi. La famille qui acquiesce, qui trouve naturelle cette vocation, comme est naturelle la croyance.

Et voilà : à onze ans, j'entre au petit séminaire, certain de ma vocation. Mais endossant aussi, aux yeux des autres (la famille, le village) le costume de futur prêtre. Coincé dans ce costume, comme je le comprendrai plus tard. M'y débattant. Entre désir d'obéir à cette vocation, à cet appel. Et volonté d'être fidèle à moi-même, à mon être profond. Libre. Où trouve-t-on sa liberté ? En disant oui à un appel ? Ou en regimbant contre cet appel ? Ainsi se passeront mes années d'adolescence et mes premières années de vie adulte, aux prises avec ce conflit intime. Je suis allé le plus loin possible, me semble-t-il, dans cette idée de vocation. J'ai essayé d'être honnête dans mon engagement, de vivre cette vie religieuse que je pensais être la mienne, que je pensais avoir choisie. Après le petit séminaire, j'ai suivi la formation qui devait, logiquement, m'amener jusqu'à la prêtrise, jusqu'à l'engagement définitif dans ma communauté religieuse : noviciat, études de philosophie et de théologie.

Ces longues années d'études et de réflexion m'ont en réalité conduit au résultat inverse : j'ai renoncé à l'idée de vocation, de prêtrise, de vie religieuse. Mais aussi, plus radicalement, à l'idée même d'appartenance à une Église. Cette appartenance qui m'était naturelle, dans mon enfance et ma première adolescence, j'ai voulu l'approfondir, m'approprier, en mon nom personnel, cet ensemble de croyances qui constituent la religion catholique. Et c'est en me plongeant dans l'histoire de l'Église, dans le détail du dogme, des règles, des rites, des interdits, que je m'en suis détaché.

J'ai pourtant vécu intensément, avec passion, la grande aventure du concile Vatican II. Vivant à l'époque à Rome, étudiant à l'Université Grégorienne, j'ai eu l'impression d'être au cœur d'une formidable aventure. J'ai pris au sérieux cette folle tentative de dépoussiérage de l'Église, cette ouverture au monde, aux autres religions, cette volonté de réforme d'une institution sclérosée, autiste, corsetée par une tradition qui l'étouffait, incapable d'avoir une parole audible. J'ai cru que c'était possible, que pouvait renaître une Église « *servante et pauvre* », tournant le dos aux anathèmes, aux excommunications, à la volonté de régir la vie sociale, à une morale d'obsédés sexuels, à tout un ensemble de superstitions d'un autre âge. Retrouvant l'esprit de l'évangile, dans sa pureté et sa simplicité. J'y ai cru, j'ai essayé d'y prendre ma part. Puis j'ai cessé d'y croire.

Ma rebellion

C'est ma vie qui s'est rebellée. Ma vie de citoyen, bousculé par la vie du monde, les soubresauts du monde, révolté par les injustices, secoué et emporté par mai 68. Ma vie d'homme, d'individu, refusant le poids des dogmes, la construction morale, intellectuelle et sociale qu'ils impliquent. La règle du célibat des prêtres, le refus de l'ordination des femmes, les interdits sur la vie sexuelle, la structure hiérarchique, le poids du Vatican, le dogme de l'infaillibilité pontificale, espèce de crime parfait (j'ai forcément raison puisque je suis le pape et qu'en tant que pape j'ai décidé que j'avais raison), cette mystique sacrificielle autour de la messe et de l'eucharistie, ces rituels et ces mots vides de sens, rabâchés par habitude, par consensus, cette obsession du pur et de l'impur, qui est celle de toute religion, ces restes de pensée magique jusque dans la prière, cet appel à l'intercession des saints, de la

Vierge… Voilà tout ce dont j'ai appris à me détacher, au fil des ans. De tout ce système qui m'était naturel, dans lequel je suis né, qui me faisait vivre. Et qui m'est apparu tellement lointain de ma vie d'homme, du sens et du prix que je voulais donner à cette vie.

Je comprends pourquoi on a besoin d'une religion. On se pose tellement de questions sur la vie et la mort, le bien et le mal, la souffrance et l'au-delà. Ce que Dostoievski appelait « *les maudites questions éternelles* ». On cherche un sens, une direction, des paroles qui aident à vivre, une espérance. Je ne méprise pas ce besoin. Je ne le condamne pas. Je ne peux parler qu'en mon nom. Toutes ces interrogations, je les ai toujours au fond de moi, elles me poussent, me brûlent, mais je ne cherche plus de réponse dans une religion en tant que système intellectuel et dogmatique, grille d'interprétation, règle de conduite morale et sociale, structurant une communauté sociologique.

Une expérience de dépouillement

J'ai appris à me dépouiller de la religion pour garder l'essentiel : la foi. Car là est le mystère : la foi, cette foi de mon enfance, je l'ai toujours. C'est une foi qui a grandi, qui s'est affermie, vivifiée. Je crois en l'existence d'un Dieu qui s'est fait homme. Je suis chaque jour ébloui par cet événement, cet avènement : Dieu s'est fait homme, il est devenu l'un de nous, il a aimé, il a joui de la vie, il a souffert, il est mort. Et il est vivant. Dieu a connu la mort. Il est passé par la mort. Il est pleinement, totalement homme. Il est l'un des nôtres. Dieu est une personne. Ce n'est pas un système, un objet de superstitions, qu'on implore ou pour lequel on sacrifie. La foi est une rencontre. De personne à personne. Telle est ma foi.

On peut légitimement me demander ce que j'en sais. Où est mon expérience. Où sont mes preuves. Il n'y a pas de science, il n'y a pas d'expérience, il n'y a pas de preuves. Je ne sais pas pourquoi j'ai la foi, cette foi-là. Je l'ai. J'ai eu, à la fin de mon adolescence, pendant mon noviciat, ce qu'on pourrait appeler, par commodité, une expérience mystique. Expérience de fusion, sentiment, sensation d'une présence intime, bouleversante. J'ai appris à m'en méfier. À m'en défier. La foi n'est pas une sensation, un sentiment. Elle n'est pas non plus une certitude intellectuelle, rationnelle. Elle est. Elle m'étonne, m'éblouit et m'obscurcit. Elle ne donne pas de réponses. Elle est un mystère. Je ne sais pas si j'en ai besoin. Besoin est un mot faible, inapproprié. Ce n'est pas un besoin. C'est ma réalité. C'est cette foi-là, en un Dieu fait homme. Voilà.

Je ne renie pas mon passé, je ne renie pas mon histoire. Cette histoire est la mienne. Mon appartenance à l'Église catholique, jusqu'à ce que je m'en détache, a marqué ma vie, a structuré ma personnalité. Les valeurs du christianisme (du judéo-christianisme, pour être plus précis) sont encore aujourd'hui fondamentalement les miennes, elles font partie de mon héritage, comme elles font partie de l'héritage de l'humanité. Le respect de la personne humaine, l'amour des autres, le sens du pardon, le retour sur soi, la reconnaissance d'une transcendance, au-delà de la pure satisfaction des besoins matériels, une exigence morale, personnelle et collective : tout cela, qui m'a formé, continue de me faire vivre. Je ne regrette pas mon engagement dans la vie religieuse, mes années passées à approfondir ma « vocation ». Tout ce temps m'a aidé à me trouver, à débusquer des illusions, à réfléchir aux « *maudites questions éternelles* ».

Je comprends et respecte l'appartenance à une religion, ce besoin de faire partie d'un groupe, d'une communauté qui partage les mêmes croyances. En même temps, je sais de quoi peuvent être capables les religions, quand le spirituel se mêle de vouloir régir le temporel. Quand elles obéissent à une logique de pouvoir, la certitude d'avoir raison. L'obscurantisme, le fanatisme, la volonté de convertir par le fer et le feu, de purifier les impurs, de pourfendre les infidèles, une certaine forme de totalitarisme, le poids sur les consciences, l'emprise sur les consciences, c'est aussi cela, le legs des religions. Y compris du christianisme, en des temps pas si lointains. Sans parler de la haine des juifs, propagée par l'Église pendant des siècles, véritable péché mortel (si ce mot a un sens) du catholicisme.

Une religion sans foi

Ce qui me trouble, aussi, c'est que je suis persuadé qu'on peut pratiquer une religion sans avoir la foi. On peut appartenir à une Église, à une communauté de croyants, respecter les rites et les observances, partager ses valeurs fondamentales sans avoir la foi. Sans croire en un Dieu personnel. La religion est une appartenance sociologique. On peut faire les gestes et respecter la règle sans avoir la foi. On peut même être prêtre, ministre du culte, sans avoir la foi.

J'éprouve la même perplexité à l'écoute d'un certain discours intellectuel, philosophique, très contemporain, sur les valeurs chrétiennes comme constitutives de la culture occidentale. Le christianisme serait le gardien des valeurs, le ciment d'une culture. Mais la foi serait en option. Pour ainsi dire secondaire. Et croire ou ne pas croire en un Dieu personnel serait indifférent. C'est un discours qui me dérange, qui me met mal à l'aise. L'Évangile n'est pas d'abord pour moi un code moral, un guide de sagesse, un socle de valeurs constitutives d'une identité commune. C'est la rencontre avec une personne. C'est Dieu qui est devenu homme, qui a vécu comme un homme, qui est mort comme un homme. Et qui est vivant.

Mais je ne parle qu'en mon nom. Chacun se débrouille comme il peut. Chacun choisit sa vie, sa façon de vivre. Je ne parle que pour moi. Pour quelqu'un qui s'est détaché de la religion, de l'Église, et qui dit qu'il a la foi.

Mais j'en ai trop dit. J'ai trop parlé. On est forcément au bord du silence. On est forcément dans le silence. On ne devrait pas parler.

*

Alain Houziaux

Vous avez fait référence à la foi et à la religion en les différenciant très clairement. Quelle différence faites-vous entre la superstition, la religion et la foi ?

Alain Rémond

La différence que je fais entre foi et religion est celle où se retrouvent les gens de ma génération : marqués par Vatican II, ils ont porté un regard critique sur tout ce qu'il y avait de sociologique, de ritualiste, de superstition et de pensée magique dans l'Église catholique et dans son dogme. Même s'il n'est pas allé jusqu'au bout, Vatican II est allé assez loin dans la remise en cause du système de croyances de la religion catholique. Je parle là de la religion en tant que système : un pape, une hiérarchie, des règles, une morale, jusqu'à des interdits aussi absurdes que ne pas manger de viande le vendredi, ou le dogme de la transsubstantiation [1] qui, pour moi, fait vraiment partie de la superstition.

Alain Houziaux

La foi peut-elle exister sans une once de superstition ?

Alain Rémond

Je l'espère ! On peut dire que la religion fait partie de l'enfance de l'humanité. La foi a mis du temps à sortir de la gangue des religions, avec leur lot de superstitions qui rassurent les hommes et leur ont permis d'être moins inquiets, et d'apprivoiser leur effroi devant le sacré.

Alain Houziaux

Croire en un Dieu tout-puissant, est-ce de la foi ou de la superstition ? Croire que Jésus est le Fils de Dieu, né de la vierge Marie, est-ce foi ou superstition ? La question est alors :

1. Le pain devenant réellement le corps du Christ, pendant la messe à la consécration.

qu'est-ce que la foi, à quoi se réduit-elle s'il n'y a pas un tout petit peu de superstition ?

André Comte-Sponville

Je rajoute aussi une question. Pour distinguer la foi de la religion, vous avez précisé que la foi est une rencontre personnelle, un dialogue… Soit. Mais une rencontre avec qui ? Comment savez-vous que cet être que vous avez rencontré, c'est Dieu ? Et dans ce « dialogue », qu'est-ce qu'il vous dit ?

Pour ce qui me concerne, j'ai eu la foi jusqu'à l'âge de dix-huit ans. L'une des rares choses dont je sois sûr dans ce domaine, c'est que Dieu ne m'a jamais rien dit. J'en parlais parfois avec l'aumônier de mon lycée, mon ami Bernard Feillet, qui me dit un jour : « Tu as raison, Dieu ne parle pas ; c'est qu'Il écoute. » Sur le moment, cela m'avait frappé ; sauf qu'après des années d'écoute silencieuse de la part de Dieu, j'en suis venu à douter de son existence, un peu à la façon de Woody Allen qui découvre un beau jour que son psychanalyste est mort depuis trois ans et qu'il ne s'en était pas rendu compte !

Alain Rémond

Si je connaissais les réponses à ces questions-là, ce serait la fin de ma foi ! Je ne sais jamais si Dieu me parle, et je ne sais même pas qui est Dieu ! C'est un mystère.

Quand je parle de rencontre avec une personne, c'est quelque chose que je vis profondément sans pour autant être capable de dire ce qu'il me dit... Ce serait une illusion, que j'ai eue à une époque, quand je pensais devenir prêtre et religieux. Pendant mon noviciat [2], j'ai eu ce que j'ai cru être une expérience mystique, avec des perceptions de rencontres palpables, que je pouvais décrire et ressentir, en tout cas, dont j'ai encore le souvenir très fort. Et en même temps, cela ne veut rien dire, cela ne signifie rien d'autre que ma sensibilité, mon émotion, l'état dans lequel je me trouvais à cette période-là.

D'autre part, mon Dieu n'est pas le Dieu des religions monothéistes mais c'est le Dieu des chrétiens, le Dieu de l'incarnation. Ce qui m'engage, m'attire et me retient, c'est que mon Dieu est celui qui s'est fait homme et qui est mort.

Alain Houziaux

La théologie dit d'ailleurs plus volontiers que Dieu est une parole plutôt que Dieu existe. On n'a pas besoin d'exister pour parler ! Si Dieu est une parole, il vient vers vous par cette parole, qui alors vous est dite : ce n'est

2. Le noviciat est une année de vie quasi monastique consacrée à la prière et au silence. Il introduit au commencement de la vie religieuse et pourra conduire aux vœux définitifs.

pas simplement vous-même qui vous parlez à vous-même. Pour reprendre votre image : le psychanalyste peut très bien être mort depuis longtemps et continuer à parler à son patient !

DÉBAT

Alain Houziaux

Il me semble que, aujourd'hui, la manière dont s'exprime le christianisme est plus proche qu'avant de la superstition, de l'irrationnel et de la méthode Coué. Qu'en pensez-vous ?

Bernard Feillet

Confrontées à la difficulté de garder la tête hors de l'eau, les religions sont crispées sur leur identité. Perdant leurs troupes sans pouvoir rien contrôler, elles s'imaginent que c'est en faisant appel au sentiment d'idolâtrie qui dort dans la conscience humaine qu'elle pourront empêcher leur naufrage. En cela, elle feront illusion quelque temps, selon les cultures : deux, trois ou quatre générations… Quand on veut récupérer la part la plus aliénante d'une religion pour la promouvoir, on méprise l'humanité. On en vient à défigurer la religion qu'on affirme vouloir sauvegarder. Répondre à la crise d'identité chrétienne par un surcroît d'affirmations dogmatiques donne l'impression d'un matraquage qui malmène la foi et la rend incroyable pour le monde.

Alain Houziaux

Comment se fait-il que beaucoup de personnes qui ont connu des épreuves terribles, comme la perte d'un enfant, soient justement celles qui croient le plus fort à l'amour de Dieu et à l'espoir en Lui ?

Bernard Feillet

Chaque fois que je me suis trouvé face à cette insondable souffrance humaine qui est celle de perdre un enfant, souffrance que je n'ai pas connue, au-delà de l'émotion partagée, je n'ai pu en avoir aucune compréhension. Je ne suis pas étonné que cet itinéraire soit possible, mais l'itinéraire contraire, celui de la révolte, de la violence et du désespoir, est tout aussi possible. Et je me suis toujours interdit de tenter de les comprendre. S'il y a un domaine où l'on ne peut faire aucune théorie, et pour lequel la prière elle-même n'a pas de mots, c'est bien la perte d'un enfant.

André Comte-Sponville

Il doit y avoir autant de gens qui, face à ce niveau d'horreur, trouvent une consolation dans une foi quelconque que de gens qui s'en passent. Tant mieux pour les premiers, tant pis pour les seconds. Mais il y aurait quelque indécence à y chercher des arguments. Il se trouve que j'ai perdu un enfant, et je crois que c'est sans rapport avec la question qui nous occupe.

Concrètement, pour les gens qui croient vraiment ce qu'enseigne le christianisme, nos expériences de la souffrance peuvent en recevoir une sorte de consolation. Ceux qui sont athées doivent apprendre à se passer de consolation, mais cela ne prouve rien, ni dans un cas ni dans l'autre. Mieux vaut respecter le besoin de consolation des uns, et respecter la solitude, le courage et le désespoir des autres.

Alain Rémond

La souffrance et la mort sont au cœur de l'expérience humaine, chacun doit se débrouiller avec cela, l'affronter pour son propre compte. Beaucoup perdent la foi à cette occasion, d'autres la trouvent... On ne peut pas commenter beaucoup plus.

Alain Houziaux

Que pensez-vous de l'enseignement religieux à l'école laïque ?

Alain Rémond

J'ai eu une forte éducation religieuse, et je suis assez atterré par l'inculture religieuse des jeunes journalistes par exemple. Des questions qui me paraissent évidentes et faciles sont pour eux aussi difficiles à saisir qu'un exposé sur la planète Mars. Comment comprendre ce qui se passe dans le monde musulman, ou en Asie si on n'a pas une connaissance minimum du fait religieux et de l'impact de la religion sur les mentalités, l'histoire et les conflits ? En art, si on n'a pas les clés pour comprendre, on perd l'essentiel et la subtilité de beaucoup de choses.

Du coup, j'ai beaucoup réfléchi sur la nécessité ou pas de l'enseignement du fait religieux à l'école. Comme cela risque d'être récupéré, il faut avancer avec d'infinies précautions. C'est pourquoi, avec Régis Debray on parle de « fait » religieux, et pas de croyance. Ceci dit, l'enseigner à l'école ne changerait pas grand-chose à l'inculture générale. Qu'en pense André Comte-Sponville ?

André Comte-Sponville

Oui, je suis plutôt pour cet enseignement, car l'inculture religieuse de nos jeunes gens est un abîme culturel qui met en cause leur intégration dans notre civilisation ; mais je n'en attends pas grand-chose, parce que ce n'est pas en quelques heures de cours par semaine, professées par quelqu'un qui aura souvent peu d'expérience et de compétence sur ce qu'il va enseigner, qu'on va remplacer quinze ou vingt années d'imprégnation complète dans la religion. Il faut se résigner au fait que l'« Occident chrétien », au sens d'une homogénéité religieuse, c'est terminé. La vraie question est : que faire maintenant ?

Alain Rémond

Nous avons parlé des religions de manière très positive, mais il ne faut pas oublier la dimension totalitaire de certaines religions, l'intolérance et le fanatisme de certaines autres, leur utilisation à des fin politiques, et là il faut voir les dégâts que cela produit !

Table des matières

Composition : Facompo, Lisieux

Achevé d'imprimer par Corlet, Imprimeur, S.A.
14110 Condé-sur-Noireau
N° d'éditeur : 5724 – N° fab. : 5848
N° d'imprimeur : 82943
Dépôt légal : février 2005
Imprimé en France